中 华 文 化
国际传播译丛

HANYU XUEXIFA

ZHONGGUOCONGBAO HANXUEJIA

HANYUYANJIU XUANYI

汉语学习法

《中国丛报》汉学家汉语研究选译

陈彦辉　喻　茜　辑译

人 民 出 版 社

译 丛 前 言

第一次鸦片战争前后在华传教士汉学家创办的英文月刊《中国丛报》(*The Chinese Repository*, 1832—1851),详细记录了道光中后期近二十年中国的政治、经济、文化、宗教等社会状况,不仅是在华外国人传播中国文化的代表性汉学期刊,也成为当时西方世界了解中国社会的主渠道。《中国丛报》作为第一次鸦片战争前后中国社会的记录者与中国文化的评述者,其社会影响与学术价值不言而喻。广东外语外贸大学"中华文化国际传播译丛"选取《中国丛报》在华实用知识传播会、马礼逊教育会与在华汉学家学习汉语的有关论述加以译介,由《在华实用知识传播会史料辑译》《马礼逊教育会纪实(1835—1848)》《汉语学习法:〈中国丛报〉汉学家汉语研究选译》三部译作组成。

1834 年,在华传教士、外国商人和外交官为推动西方科技在华传播,在广州成立了近代中国第一家现代意义的出版机构在华实用知识传播会(The Society for the Diffusion of Useful Knowledge in China)。该机构存在 12 年,提出完整的出版计划,最终出版 7 种有关西方科技、文化的中文书籍和 1 种中文报刊《东西洋考每月统记传》,对于西学传播和中西文化交流产生了重要影响。《在华实用知识传播会史料辑译》将在华实用知识传播会的年度报告和相关出版资料汇成一编，旨在全面反映该组织的成立背景、宗旨、章程、出版策略和出版物内容等，方便读者详细了解该会在推动西学东渐方面的历史作用。

为纪念基督新教在华传教事业的奠基人马礼逊（Robert Morrison, 1782—1834），在华各界外国人于 1836 年组建马礼逊教育会（Morrison Education Society）。根据《马礼逊教育会章程》的阐述，马礼逊教育会旨在通过创办学校促进中国教育事业，在引入西方教育模式和推行启蒙教育方面发挥了开拓性和示范性作用。《中国丛报》刊载的《马礼逊教育会年度报告》详细记录了马礼逊教育会从筹备成立到 1848 年间的活动，包括其日常运作情况、学生的书信文章及图书馆书目等。《马礼逊教育会纪实（1835—1848）》辑译这些报告，旨在呈现马礼逊教育会的发展历程，为相关研究提供较为翔实的史料。

《中国丛报》刊载大量有关汉语研究的文章，详细讨论汉语语法、语用、语义等各方面的特征，呼吁外国人关注并学习汉语。传教士汉学家汉语研究成果的流传为西方汉学的发展奠定了基础。《汉语学习法：〈中国丛报〉汉学家汉语研究选译》选取《中国丛报》中具有代表性的汉语研究篇目进行翻译，根据文章主题分为八章，内容涉及汉语概况、书面语及口语特征、汉字读音、汉字结构、汉语词汇和语法特征及汉语工具书等，较全面地反映了 19 世纪中期汉学家对汉语的认识与研究情况。

译丛每篇文章皆注明出处及作者（依据《中国丛报》索引，*General Index of Subjects Contained in the Twenty Volumes of The Chinese Repository; with an Arranged List of the Articles*，其中未

注明的为作者不详）。原文中部分人名与作品名称并非全称，译者尽量核对后用全名译出或注明。为充分展示原文内容，部分表格直接使用原文截图展示。译文难免有疏漏之处，敬请广大读者与专业人士包涵指正。

由海外汉学家开启的传统汉学研究，为东西方文明交流互鉴搭建了一个平台。他们通过译介大量中西方经典文献，推动了两种文化深层次的沟通和理解。需要指出的是，由于特殊的时代背景，《中国丛报》作者群体在译介中国文化和社会状况时带有明显的西方文明优越感和宗教文化偏见，这就需要我们以历史的、辩证的和科学的态度看待其中的某些表述与观点。

译 者

2023 年 5 月

目录

第一章　汉语概说 [1]

独创性是汉语的一大显著特点。汉语的起源和最早讲这种语言的人群一样，隐没在世界大洪水 [2] 之后的早期历史中。现代汉语呈现给我们的形式和结构可谓绝妙无双、令人惊叹，它与世界上其他任何语言都没有依附勾连。希伯来语只存活在至高的神谕中，早已不是口头语言。希腊语和罗马语则以最纯洁、完美的形式存在于书本之中，虽然这些古老国度的子孙后代仍在口头上使用这两种语言，但已和最初的语言差别巨大。梵语和巴利语曾被全民使用，也遭受了同样的命运。阿拉伯语曾不受重视，直到穆罕默德的征战才将它带出阿拉伯世界。在所有这些古老的语言中，除希伯来语外，就古老性而言，汉语是无可匹敌的。它似乎在语言的混乱 [3] 后突然出现，并与人类的其他分支隔绝开来。时代在更替，世界的面貌在改变，新的部落慢

---

[1]　译自 1834 年 5 月《中国丛报》第 3 卷第 1 期第 1 篇，作者裨治文（Elijah Coleman Bridgman，1801—1861），是美国第一位来华的基督新教传教士，创办并主编《中国丛报》。标题为译者根据文章内容所取，原文标题为：汉语；汉语的古老、广泛使用、方言；汉字及价值；欧洲人对汉语的关注；目前学习汉语的辅助工具及动机。译文略有删减。——译注

[2]　指《圣经》中记载的大洪水：耶和华见人在地上罪恶极大，于是宣布将使用洪水，毁灭天下地上有血肉有气息的活物，无一不死。——译注

[3]　据《圣经》记载，上帝发现人们在修建可以通天的高塔，见此情形就把他们的语言打乱，让他们不能明白彼此的意思，并把他们分散到世界各地。——译注

慢出现，新的语言逐渐形成。然而在此期间，汉语并未发生什么转变；自纪元伊始，它的书面语言几乎没有变化，当时出版的经典作品的文风与现在[1]全国各省通用的书面语言大同小异。

在此我们先来看看目前汉语使用的范围，这样可以更加准确地认识到汉语的本质及重要性。目前不仅整个中国领域内的3.6亿人讲汉语，邻国及藩属国也将汉语作为标准语言广泛使用。在琉球[2]，很多人都能熟练地用汉语来交流和阅读。在朝鲜，中国经典被大量研究，并且对其国民品格产生了深刻影响，人们自豪地模仿天朝人民的礼仪、风俗和律法。在日本，政府文件、书籍及上流社会的通信中同样使用汉语。在中国以南的北圻[3]和南圻[4]，汉语使用更广，对于社会中有身份、有影响力的人士来说，了解汉语是必不可少的。在南圻的某些地区，汉语甚至是人们使用的唯一语言。在柬埔寨、暹罗、老挝及印度洋群岛的各个岛屿上，有成千上万的居民，大部分是中国移民，同样讲汉语。将上述几个国家地区使用汉语的全部人口包括在内，保守估计共有4亿人使用汉语，分散在比整个欧洲面积还要大的疆域。

汉语历经了漫长的演变过程，流传在如此辽阔的土地上，

---

① 本书译文中所称"现在""如今"等时间，皆指文章发表的当时。——译注

② 琉球（Lewchew）是历史上存在于琉球群岛的封建政权名，位于今中国台湾岛和日本九州岛之间，曾在中国明清两朝向中国进贡及请求册封。——译注

③ 原文为"Tungking"，即"东京"，是今越南河内市的旧名，法国殖民时期西方人用来指代以河内为中心的越南北部地区，越南人称之为北圻（越南语：Bắc Kỳ），意为"北部地区"。——译注

④ 原文为"Cochinchina"，即"交趾支那"（法语：Cochinchine），是法国在此殖民时的名称，越南人称为南圻（越南语：Nam Kỳ），指今越南南部。——译注

自然会让人猜想汉语必定发生了许多变化，现在的汉语必然有很大的地域差别。在某种程度上确实如此。我们将在另一篇文章中讨论汉语的演变，并用实例展示古代与现代的汉字形体，可以发现这些汉字在初创时期和发展早期经历系列的转变，尤其是汉字的发音在不同时期、不同地域存在很大差异。尽管从帝国的一端到另一端，中国人使用同样的经典作品，但他们仍在国内使用大量方言进行口语交流，这些方言或多或少有所差异。然而，这些人们广泛使用的方言，通常只局限于很小的范围内，对汉语主体并没有什么影响。这两方面的事实，即方言的多样性和汉语主体的稳定性，可归因于中国的历史及全国通行的教育体制：一方面，在历史早期，中国分为不同的小国，他们之间相互敌对，相距甚远的地方之间不允许自由来往；如此一来区域性的词汇和发音出现并固定下来，因此产生了多样的方言。另一方面，对于谋求仕途的个人来说，必须熟读中国古代经典，了解当朝及全国各省通行的语言风格和发音，因此使得汉语稳定持久。还有一个事实对方言数量的倍增和方言差异的增大有不小的影响：由于汉语没有字母表，仅靠查看页面上的汉字，无法确定这些汉字对应的发音。有种方法可能是由域外的佛教徒引进的，他们用两个已知的字来表示第三个字的发音，但中国人很少使用此法；每个学龄男童，以及所有已在语言上取得长足进步的人，都通过老师的唇形来学习他们碰到的生字的读音。

汉语方言之间的差异与印度斯坦①各地方言间的差异有所不同。有的汉语方言与通用汉语有很大不同，但通常来说方言与通用语之间的差异很小。我们在此讨论中国方言的时候，必须牢记汉语发音的差异，以及因词汇选择和句子结构造成的差异；实际上很多方言的主要特点就体现在发音上。在中国北部的省份，俗称为"官话"的纯正汉语盛行，但这并不意味着这些地方就没有本地词汇。中国北部边境与鞑靼接壤的地区，由满族人统治所引起的语言变化显而易见，无疑中华帝国所有边境地区也会受到诸如此类的影响。在浙江和江南地区，方言和地道汉语（指绝大多数人使用的汉语）之间的差异十分显著。福建东部地区的方言与地道汉语的差异更加突出：对一个只了解标准汉语的人而言，福建方言将难以理解。中国西南部省份的方言与地道汉语之间的出入较小。这座城市②通用的方言与朝廷上使用的语言十分相似，了解二者之中任一种语言，只要稍加留意便能大概理解另一种语言。在中华帝国疆域之外使用汉语的地方，如南圻、朝鲜、日本等地，本土方言与标准汉语之间的差异比福建方言与标准汉语之间的差异更甚。

如此多的人口，在世界上占据如此大一片土地，都在使用汉语，这个简单的事实就是促使人们去探索的动力。迄今为止，外国人都太过于忽视汉语了，甚至没有考虑自身的商业利益。他们不是认为汉语太难掌握，就是认为汉语不值得他们花费心思去学习。而中国人却截然相反，正如古希腊和古罗马人，

---

① 原文为"Hindostan"，亦作"Hindustan"，即"印度"的波斯语称呼。——译注
② 原文为"in this city"，此处应指《中国丛报》当时的发行地广州。——译注

甚至某些现代希腊和罗马人一样，中国人认为自己的语言比世上其他任何语言都更胜一筹，不仅因为汉语本身的优美和出色，更因为汉语所蕴含的知识和智慧。充分掌握本族语言将引领他们走向荣耀、财富和权势的康庄大道，所以他们不遗余力地学习汉语。相比之下，他们对外国语言几乎一无所知，甚至觉得那只是难以理解的行话，不值得注意。礼制和治世安世之道只存在于他们的语言中，汉语承载了古代圣贤的学说，必须通过汉语传授给子孙后代，所以凡是拒绝学习和赞赏汉语的人，必被视为无学问、无教养、残酷和野蛮之人。这种民族自负固然可笑，但同时不得不承认，汉语既古老又被广泛使用，应当引起我们的重视。仅将其视为记载古老历史事实的载体，汉语也不是毫无价值的。而且如果将汉语看作一种奇特的思想交流媒介，还可为哲学研究开辟无人涉足的广阔领域，它并非不值一提；对于学习汉语并达到母语水平的人来说，也并非没有回报。在向读者介绍汉语的过程中，无论汉语多么新奇或特别，我们不会执着于其独特之处而忽略了它的缺点，也不会因漠视它真正的优点而对它的正确合理之处有丝毫贬低。

我们已经提到了汉语最大的特点，将汉语与世界上其他任何语种和方言区别开来。我们也指出了汉字的构成并不是来自字母，而是由并不表示发音的简单线条组成。一个只习惯于西方字母系统的人，很难想象有可能为每一个概念写出一个单独的字符，也难以想象怎样的聪明才智才可以设计出这样一个系统，为每一个新的物体和概念创造一个相应的文字或符号。当前的汉字形式早已不是象形文字系统；将它与埃及或墨西哥的语言系统进行比较是徒劳的；因为迄今为止在这些语言系统中还没有发现类似的标记，使我们能够得出它们是根据相同规则而形成的结论。

中国人把组成汉字的笔画减少到只有七八笔，划分所有汉字的部首数量只有 214 个。在这 214 个部首中，有不少是由其他基本字符组合而成的。这种部首划分并不具有哲学性，但是这种方式一经国家字典采用，便沿用至今。汉字的总量是巨大的，数以万计，可能不少于六到八万，但是常用汉字不超过六到八千，而篇幅适中的书籍中不同的汉字往往不超过两三千。中国刑法典中有一部分被翻译成英文，译员发现其中不同的汉字不足 2000 个。我们有可靠的依据，在著名的 10 卷《三国志》中，不同汉字的数量仅有 3342 个；在马礼逊（Robert Morrison）[①] 和米怜（William Milne）[②] 翻译的 21 卷中文版《圣经》中，不同汉字只有约 3600 个。如果每个汉字只固定表达一个概念的话，那么充分掌握汉字的难度就相对较小；但是现在，大多数汉字被重新组合以传达不同的意思，有时甚至是全新的概念。为了使语言更加清晰明了，偶尔有两个甚至三个汉字是同义的情况；有时汉字失去了最初的意思而表达全新的含义。再加上汉字的写法各不相同，汉语难以掌握也就不足为奇，需要耗费很多年才能达到自如而准确地读、写、说汉语。

[①] 马礼逊（Robert Morrison，1782—1834），英国传教士，1807 年来华，是西方派到中国大陆的第一位基督新教传教士，与米怜合作翻译了第一本中文《圣经》。——译注

[②] 米怜（William Milne，1785—1822），英国传教士，被派遣来华与马礼逊一起活动。——译注

汉语的口语包含约 450 个常用单音节，不足 2000 种发音，其中大部分仅通过音调或语调即可分辨。这个话题需要非常详尽的说明才可以解释清楚，之后将单独撰文。我们在此要说明的是，汉语的这种特性明显增加了充分掌握这种语言的难度，而且显露了它的缺陷。如果将外国人用以标注汉字发音的音节和符号称为单词的话，那么汉字的单词是如此之少，且不同汉字的声调差异又十分细微，因而常有口语的理解错误。很多同音汉字，尽管意和形都不尽相同，却都要用相同的英语拼写来表达，这也严重阻碍了口语学习。而通过将两个意同音不同的汉字组合在一起表达一个概念或物体，可以降低一点这种困难。尽管如此，汉语仍是有缺陷的口语媒介。在学习汉字发音时，外国人感到十分为难，因为缺少足够的经验，他们很难听出汉语发音的细微差异，也难以准确地发音让中国人轻松听懂。

汉语的语法结构十分简单。它不受词源学里形式和偶然性的束缚；数、格、语气、时态等只需用小品词来表达即可，名词和动词无须做任何改变。即使在精巧的西方语言都需要作出改变的很多情况下也不用改变，而是通过句子或段落中成分的位置来表示语法上的区别和关系，这有时会使段落或词组的意义模糊不清。一个只熟悉汉语表达方式而不熟悉其他方式的中国人不会感到这样有什么困难，但对于外国人来说却是相反的，除非自身已精通汉语，或在调查研究中可得到有学识的中国助手的协助，否则外国人很容易误解文本的意思。汉语的句法十分独特，与西方的字母语言不一样。汉字由名词转化为动词、副词等的时候意思会发生转变，这种特殊的方式常常让外国人很难确定汉语的含义。其他语言都具备某些突出特征，形成了统一和管理字词的规则体系，而汉字书面表达缺乏这些特征，使得一些作者认为汉字是不合语法规则的语言。

几乎所有的汉语作品中，都有大量有规则的断句，好似无韵诗一般，中国人将此视为他们语言的精华之美。如果作者不能写出这样的语句，不在书页上写满对仗，或不能很好地组织语言使得每句话所包含的字数一致，那么他的作品就不能称得上出色。以口语体写作的书籍通常较少如此修饰语言，而在诸如政府公告、科举考试所作文章等更为正式的文体中则较多修饰。但各类文章仍或多或少都会保留此特点，这也成为汉语的一大本质特征。显然，如果太关注表达想法的形式，就会严重影响思路的连贯。而事实上，在汉语写作中意思往往是次要的考虑对象，表达意思的方式才是首先引起注意的。

汉语还有另外一个显著特点，在其他语言中罕见，那就是在写作中使用丰富的固定短语，和英语的法律词汇相似，经常反复使用并表达同一含义。实际上，汉语书籍中充满了格言警句，视作者喜好而写入文中。中国人的思想是定型的，他们所珍视和教诲的一切思想都包含在从古老圣贤那里流传下来的记载中。因此，好的文章在于重新编排古代经典中的正统语句，所有的文学作品都是如此，哪怕是以自由为乐、以创造为荣的诗歌也难逃这样的铁律。无论诗人还是任何类型的作家，胆敢背离古代圣贤为其指明的道路，那就遭殃了！这样的人会被视为异类，被斥为叛逆不孝之徒！

既已论及汉语的主要缺陷，我们理应再谈谈它突出的优点。

虽然汉语不如大多数印度支那[①]语言饱满浑厚，但是细心感受它的韵律和音调，也会觉得悦耳。由于构成句子的汉字的选择和位置的不同，这种语言的风格有时会有一种力量和美感，这是无法翻译的，而且很多时候汉语精练简洁的表达是其他语言无法比拟的。我们也许不该指望在独特的汉语写作中找到如古希腊、罗马或现代欧洲的魁士的作品一般的风格之美；然而中国人有他们自己的出色之处，公平来说，不应也不会遭到排斥。中国书籍中充满了巧妙的表达、新奇的示例、奇妙的对比和大胆的比喻。

中国文学种类繁多，某些领域作品十分丰富。古希腊和古罗马鲜有作家能像中国作家这样高产且涉猎广泛。自孔子时代以来，中国出现了大量不同类型的作家。但是现在中国正处于堕落时代，新作稀少，那些发表的作品都轻浮而琐碎，几乎不能提供教导或真正的娱乐。中国人需要一种思想丰富、情操端正、文风清雅的新文学。但是，想让我们的新思想和新观点吸引并指导习惯了汉语语言形式的读者，我们必须模仿他们的风格，这是一项艰难的任务。因此，为了让外国人写出令中国读者欢欣而受益的文章，我们必须研究并深入了解汉语的权威作品。应该时刻谨记，一个外来人想要影响中国人的品位和情感，必须能够用合适的语言表达自己的想法，这样的语言不仅清楚易懂，而且使人愿意耐心并专注地倾听。这貌似很困难，尤其是考虑到他们的民族自豪感和对外国人的态度。然而我们可以

---

① 即法属印度支那，是18—19世纪法国在中南半岛东部的殖民地，范围大致相当于今越南、老挝、柬埔寨三国。——译注

确信，如果不遵循他们的语言习惯，就不会有读者。但如果新鲜有趣的思想、纯粹高尚的情感，尤其是神启的崇高真理都能穿上本土的"外衣"恰当地展现出来，那么就能产生一种魔力，唤醒心智，激发热情，纠正判断，并最终在整个帝国掀起一场精神和道德的革命。中国人需要强烈的刺激来引导他们阅读外国作品；为了使新的语言习惯适应他们的能力和需求，需要小心谨慎。他们的语言与其他语言差异如此之大，除了神圣的《圣经》之外，仅靠翻译是不可取的。但是汉字变化多端，词汇丰富多样，能够向人们传达各种各样的概念和事物。

　　以上想法是长期观察的结果，且并非个人经验，这说明我们应该重视学习汉语。如果不了解汉语，那么长期以来将中华民族及他们的国家与地球上其他国家隔绝开来的那堵墙就难以有效拆除。汉语是外国人最好的辅助之一，了解汉语对于外国人与中国保持广泛交流来说是必不可少的。诚然，如果理解得当，汉语对历史学家和哲学家来说是有价值的，因为它使他们注意到世界上一个大民族的历史；但我们只有把汉语看作一种维持体面交流的媒介，看作广泛传播有用知识的手段，才能显出其应有的价值。如今中国的艺术及科学倒退了，这个国家的进取心也减弱了。鉴于政府实行的政策，这样的事实不足为奇，因为政府不仅没提出鼓励和激发创造天才的办法，还不断打压那些与生俱来或者偶然成就的天才。我们应当将荣誉给予应得荣誉的人，无论如何也不能贬低任何人应有的功绩；但我们不得不认为，是政府扭曲和反常的政策造成了中华民族和西方国家之间的巨大差异。中国人曾经有远超当前的对外贸易，而这种贸易本可持续增长到现在。他们的制造产品曾遥遥领先于大多数国家，现在已经完全无法与大量由蒸汽动力生产的产品抗衡，在其他很多方面都是如此。只有一个崭新的文学时代来临，这片土地上的居民才会从他们漫长而深沉的睡眠中醒来，激发独立思考，推翻恼人的暴政和可憎的偶像崇拜，追求个人和国家权利的公正观念以及永生上帝的神圣信仰。

现在的中国和中世纪的欧洲所处的情形有相似之处：一个"皇帝"和一个"教皇"，一群"修道士"和一群"高官大臣"，只是名称相异，但权力和影响是相似的。大多数中国人根本不知道他们的真实处境，他们对于世界上其他国家最重要的事物一无所知，因此无法将自己和他人进行比较，继而无法判断其相对的地位，或评估自己的需求，也看不到自己需要提升之处。康熙是清朝最开明和最宽宏的君主，他从朝中的外国人那里了解到很多知识。如果不是因为利益的对立，且那些被允许在中国各处居住和旅行的欧洲人把手伸得太长，那么当时在建立自由交往方面取得的进步肯定会维持和发展。但是如果那些外国人成功实现了他们的主要想法，我们有理由认为皇帝的权威会变得像教皇那样，而其他相应变化也会接踵而来，最终会产生中国历史上最残酷的专制统治。因此基于我们在世界各地及在中国所看到的教皇般的权威来看，许多参与那些事件以及对皇帝及大臣们有影响的人，都精通这个国家的语言，但鲜有人致力于传播有用的知识。他们用华丽的仪式来吸引民众的目光，而不是用神圣真理的力量去触动人们的心灵和良知。因此当他们遭遇挫折，被赶出中国时，在他们身后没有留下神的话语的种子，也没有留下生命之树的胚芽。顷刻间，他们所建立的一切已坍塌，而我们有理由相信现在中国人民的情况更加糟糕，耶稣会士进入中国的困难要比从未进入中国之前更大。

但尽管如此，如果我们预测准确的话，中国即将面临一场国事危机，将有一场革命，虽然可能来得太迟，却不可避免，必将通过武力或报刊产生影响。武力虽然能以悲惨的方式为社会打开进步的大门，但无法改善社会状况；而知识的传播则可以有力地触碰中国的道德和宗教，净化权威的源头，遏制叛乱的爆发，制止肆意的惩罚，使中华帝国免于毁灭，并置其于合适的世界地位。我们要不遗余力地传播知识。武力征服会导致成千上万的人口伤亡以及数以百万计的财产损失，但以理服人——以理智和真理取胜则只需花费很少的人力物力就可光荣地达成目的，并给中国的民众带来和平的祝福和不朽的希望。

虽然目前并没有什么进展，但我们不能因此灰心，因为我们至今仍未做多少尝试。学习汉语是这项宏伟事业的第一步，但目前在基督世界极少有人关注。如果我们能注意到在学习汉语方面已经做了哪些努力，已准备好怎样的帮助，便能更清楚地认识到还需要做些什么来帮助更好地学习汉语。

法国人一马当先，早期来华的大部分天主教传教士都来自法国。路易十四被视为欧洲汉语文学的真正创始人，在其赞助下的一些来华天主教传教士因为熟悉汉语而声名大噪。耶稣会士[1]

---

[1]　耶稣会是天主教主要修会之一，其成员统称为耶稣会士。——译注

和多明我会士 [①] 之间关于某些词汇和礼仪所产生的争论，引起一些有才能之人进行汉语研究，如白晋（Joachim Bouvet）[②]、张诚（Jean-François Gerbillon）[③]、柏应理（Philippe Couplet）[④]、宋君荣（Antoine Gaubil）[⑤]、马若瑟（Joseph de Prémare）[⑥] 等。路易家族的继承人对中国文献慷慨解囊，见证了《中国文法》（*Grammatica Sinica*）[⑦]、《匈奴通史》(*Histoire des Huns*)[⑧]、《中国上古史》（*Histoire de la Chine*）[⑨]、《中国杂纂》（*Mémoirs sur les Chinois*）[⑩]、《耶稣会士中国通信集》（*Lettres Édifiantes et*

---

① 即多明我会成员，多明我会又译"多米尼克派""道明会"，是天主教托钵修会主要派别之一。——译注
② 白晋（Joachim Bouvet，1656—1730），又作白进，字明远，法国来华耶稣会士。——译注
③ 张诚（Jean-François Gerbillon，1654—1707），字实斋，法国来华耶稣会士。——译注
④ 柏应理（Philippe Couplet，1623—1693），法国来华耶稣会士。——译注
⑤ 宋君荣（Antoine Gaubil，1689—1759），法国来华耶稣会。——译注
⑥ 马若瑟（Joseph de Prémare，1666—1736），法国来华耶稣会士。——译注
⑦ 作者为意大利耶稣会士卫匡国（Martino Martini，1614—1661），约1652年成书，被认为是历史上出版的第一本汉语语法书，后有修订本亦称 *Grammatica Linguae Sinensis*。——译注
⑧ 作者为德金，1756—1758年出版。——译注
⑨ 作者为卫匡国，1658年出版。——译注
⑩ 全称为 *Mémoires Concernant l'Histoire, les Sciences, les Arts, les Moeurs, les Usages, &c. des Chinois: par les Missionaires de Pékin*，直译为北京传教士关于中国历史、科学、艺术、风俗与习惯等的回忆录，又称《北京耶稣会士中国论集》等，主要作者有钱德明（Jean-Joseph-Marie Amiot，1718—1793）、韩国英（Pierre-Martial Cibot，1727—1780）等，1776—1791年出版。——译注

Curieuses）^① 等作品问世。德金（Joseph de Guignes）^② 是博尔蒙（Étienne Fourmont）^③ 最后一位弟子，卒于 18 世纪末，后继无人。尽管已经做了这么多，但由于中法交往中断以致几乎完全被遗忘，中国的语言及文学在法国的地位迅速下降。因此 1815 年成就卓著的雷慕沙（Jean-Pierre Abel-Rémusat）^④ 成为巴黎法国大学的皇家教授时，公众舆论对研究中国文学反对如潮。但仍有其他人追随，加入了这位杰出而又令人遗憾的汉学家的工作，儒莲（Stanislas Aignan Julien）^⑤ 被指定继承雷慕沙的皇家教授头衔。1815 年，巴黎的中国图书馆藏书达五千余卷，从那之后藏书无疑又继续增加不少。

尽管西班牙人占领了吕宋岛，甚至经常听到汉语，但是他们无所作为，并未研究汉语语言和文学。目前西班牙人不怎么关注中国。葡萄牙因占领澳门，与西班牙相比大有作为。三百多年前葡萄牙人第一次来到中国，从那时起他们就有学习汉语及汉语文学的卓越优势。现在研究汉语的葡人多居于澳门，其中值得注意的是圣若瑟修院的江沙维（Joaquim Affonso

---

① 又译为《耶稣会士中国书简集：中国回忆录》（*Lettres Édifiantes et Curieuses, Écrites des Missions Étrangères: Mémoires de la Chine*）。通信集由巴黎耶稣会总会长哥比安（Charles Le Gobien，1653—1708）创办，1702 至 1776 年共刊出 34 卷，其中 16—26 卷收载由中国寄来的书信，主编为杜赫德（Jean Baptiste du Halde，1674—1743）。——译注

② 德金（Joseph de Guignes，1721—1800），法国汉学家。——译注

③ 傅尔蒙（Étienne Fourmont，1683—1745），法国汉学家。——译注

④ 雷慕沙（Jean-Pierre Abel-Rémusat，1788—1832），法国汉学家。——译注

⑤ 儒莲（Stanislas Aignan Julien，1797—1873），法国汉学家。——译注

Gonçalves）①的工作。荷兰人虽长期控制着如今中国人居住治理的一片区域，但从未学习过汉语。俄罗斯在过去的一百年里虽拥有得天独厚的汉语学习优势，但无论是为了自身还是为了其他各国，都未能像它应该做的那样利用这些优势。那不勒斯的那所由几名中国学生创立的学校②也未在欧洲推行汉语研究，只传授天主教教义，而对其他一无所知。在柏林及欧洲大陆有汉语藏书的其他地方，一些人独自进行汉语研究。

虽然英国自诩宏图伟志、满腹诗书，并与中国有广泛和长久的往来，但惊人的是英国一直都未重视中国的语言。在马戛尔尼（George Macartney）③使团之前，据我们所知没有一个英国人试图了解汉语。没有充足的理由使英国关注汉语学习。马戛尔尼使团出使北京时必须向其他国家求助才能进行基本的沟通。而小斯当东（George Thomas Staunton）④是使团中唯一精通汉语的欧洲人，那时他年纪轻轻，还无法安静地教人汉语。乾隆在面见使者时也发现语言不通给双方带来的极大不便。1810年中国刑法典的译本在伦敦问世。当时，主要出于《圣经》翻译的

---

① 江沙维（Joaquim Affonso Gonçalves，1781—1841），又称"公神甫"，葡萄牙来华传教士。——译注

② 指意大利传教士马国贤（Matteo Ripa，1692—1745）和几名中国人于1732年在那不勒斯创办的中国学院（the Chinese College），即今那不勒斯东方大学（The University of Naples "L'Orientale"）。——译注

③ 乔治·马戛尔尼（George Macartney，1737—1806），英国人，曾于1793年作为特使率领第一个英国外交使团抵达中国，欲通过与清王朝谈判打开中国市场，却无功而返。——译注

④ 小斯当东（George Thomas Staunton，1781—1859），其父老斯当东作为马戛尔尼的副使出使中国，13岁的小斯当东随行，在来华途中跟随使团雇佣的华人学习汉语，进步很快。——译注

需要，两个人成功学习了汉语，即遣华传教士马礼逊和派驻孟加拉的马士曼（Joshua Marshman）[1]。二人目前都健在，还有他们的同胞，尤其是米怜和高大卫（David Collie）[2]，从繁忙的事务中抽身出来，大力推广和发展中国语言和文学，甚至遥遥领先于法国。英国有两三家未被重视的中国图书馆，在马六甲英华学院的图书馆中存放着汉语精选集。

也许我们不应略过美国。在过去的半个世纪，美国与中国的贸易较少；或者应该说是美国公民在进行少量的贸易，而他们没有国家的保护，因为美国甚至连一根旗杆都没有负责竖起。我们不会看到美国对中国发动战争，也不会看到美国向皇帝进贡；但我们不能说美国在与中国开展更加自由、体面和规范的交往中毫无关系。被派遣的牧师和领事或他们的随行人员需要对派遣地的语言有所了解。但在这些情况下，我们认为找不到拥有这样先决条件的人。据我们所知，目前在美国没有一个人自认为对汉语有所了解，也没有人着手学习汉语。在美国可能有一些中国的书籍，词典编纂者和语言学者也无疑掌握了欧洲学者发表的主要语法书和词典。现在东部的一些美国人在研究汉语，但他们的研究起步较晚，能取得什么成绩还有待观察。

已有一些用于协助汉语学习的作品定稿或问世，在此我们不进行详细介绍，只想简单列举主要的语法书和字典等。作品的数量并不多，其中有些更是在诸多障碍下出版的，障碍主要来自汉语中比较特殊的难点。然而，在这方面已经做了足够

---

① 马士曼（Joshua Marshman，1768—1837），英国传教士。——译注
② 高大卫（David Collie，?—1828），英国传教士。——译注

多的努力，以鼓励那些从事这项工作的人继续坚持，并邀请
和确保其他人也进入到一个大有可为的领域。首先有万济国
（Francisco Varo）^① 用西班牙语所著的汉语语法书，于 1703 年在
广州用土纸进行木刻印刷，当中并没有汉字。1730 年拜耶尔
（Theophilus Siegfried Bayer）^② 的《汉文博览》（*Museum Sinicum*）
问世。1789 年，布赖特科普夫（Johann Gottlob Immanuel
Breitkopf）^③ 的《文通考》（*Exemplum Typographiae Sinicae*）在
莱比锡出版。1813 年由小德金（Chretien-Louis-Joseph de
Guignes）^④ 奉拿破仑之命编纂的汉语字典在巴黎问世。1814 年马
士曼的《中国言法》（*Elements of Chinese Grammar*）在塞兰坡印
刷。次年，马礼逊的语法书^⑤ 也在同一家出版社印刷，他编撰的
字典^⑥ 共有六卷，于 1815 年到 1822 年之间由东印度公司澳门出
版社出版。1822 年雷慕沙的语法书^⑦ 在巴黎出版。1831 年马若
瑟的《汉语札记》（*Notitia Lingua Sinica*）在马六甲华英书院出
版社出版。1833 年江沙维的一本字典在澳门圣若瑟修院印刷出

---

① 万济国（Francisco Varo，1627—1687），西班牙传教士，著有《华语官话语
　法》（*Arte de la Lengua Mandarina*）。——译注
② 拜耶尔（Theophilus Siegfried Bayer，1694—1738），德国汉学家，著有《汉文
　博览》（*Museum Sinicum*），又译《中国博物论》。——译注
③ 约翰·戈特洛布·伊曼纽尔·布赖特科普夫（Johann Gottlob Immanuel
　Breitkopf，1719—1794），德国出版商、印刷商。——译注
④ 小德金（Chretien-Louis-Joseph de Guignes，1759—1845），是前文提到
　的德金的儿子。小德金受拿破仑之命所编纂的汉法拉丁字典《汉字西译》
　（*Dictionnaire Chinois, Français et Latin*），实际上是意大利来华传教士叶尊孝
　（Basilio Brollo，1648—1704）旧时所编字典的翻版。——译注
⑤ 指《汉语言文之法》（*A Grammar of the Chinese Language*）。——译注
⑥ 指《华英字典》（*A Dictionary of the Chinese Language*）。——译注
⑦ 指《汉文启蒙》（*Élémens de la Grammaire Chinoise*）。——译注

版。此外，还有两部作品即将出版，其中一部是麦都思（Walter Henry Medhurst）① 的《汉语福建方言辞典》（*A Dictionary of the Hok-keen Dialect of the Chinese Language*），目前正在东印度公司澳门出版社印刷，另外一部是郭实猎（Karl Friedrich August Gützlaff）② 编纂的英汉字典，在塞兰坡出版社印刷。

　　目前从事汉语研究的动机有很多，应当引起有识之士的关注，引发他们的兴趣。现在我们再抱着双臂回首那个全世界只有一种语言的时代已是徒劳，为那些人所做的愚蠢之事叹息亦是枉然，他们惹恼上帝使其降临，打乱他们的语言并使他们散落在地球的各处。人类的各个部落因长期分离而常常陷于困惑与痛苦之中。仿佛肉体所承受的自然病痛还不够，人类还要像恶魔一般——或者说他们本性如此——相互厮杀。世上强大有力的人们常常将他们的精力用于屠杀同类，并以此为荣。但上帝用一种血创造了万民。正如全世界都将知晓上帝，和平将遍及世界，中国也一定会被带入世界大家族，与他国产生联系，相互支持，相互合作。然而，如此巨变，不付出努力是不可能实现的，而这些努力必须由基督教徒付出。这种变化将带来众多好处，因此有足够的动机学习汉语。无论从商业、政治、文学还是宗教的角度来看待这个问题，我们认为没有任何外语能像汉语这样给西方人提供诸多值得研究的问题。

------

① 麦都思（Walter Henry Medhurst，1796—1857），自号墨海老人，英国传教士，汉学家。——译注

② 郭实猎（Karl Friedrich August Gützlaff，1803—1851），又译郭实腊、郭士立，德国传教士。——译注

　　每个了解中国的人都知道，中国与世界的贸易关系很糟糕。我们并不否认，尽管与中国的贸易有诸多窘境，但其中的利益甚高，而这样的贸易应该更富有成效。如果把整个欧洲置于一人的统治之下，并把所有的对外贸易都限制在加的斯①，那么西方人才能理解中华帝国的政策。与中国的贸易不仅局限在边缘的港口，还只掌握在少数人手上，并得服从默许的规则。我们就不逐一列举遭受的那些令人恼怒之事和非法的征税了。现在为了消除这些弊端，并为最重要的一类贸易奠定既永久又安全的良好基础，我们必须接触到权力部门。除了俄罗斯，世界上还没有一个国家与中国有任何固定的关系。但其他国家为何因此与中国相隔甚远呢？为什么欧美船只不能驶入中国海域，沿着海岸航行，进入这辽阔帝国的口岸和河流呢？难道这些水域不是各国的大道吗？难道这些国家丧失了他们与生俱来的权利吗？那么，到底是基于何种原则，或是出于何种原因，才使得他们的船只在靠近除指定地点之外的沿岸时就被立即驱逐呢？目前已采取的与中国君主交涉的方式都以失败告终，现在必须另辟蹊径。该采取什么方式呢？不是利剑，不是刺刀，也不是海军，除非他们已经准备好可以充分表达他们愿望和目的的手段。比如，有一种方法，只需要有人和书就好，就像"阿美士德勋爵号"②到访厦门、福州、宁波和上海时那样。让报刊发声，

---

① 西班牙西南部的港口城市。——译注
② 1832 年，为了打开一条新的贸易通道，英国东印度公司"阿美士德勋爵号"（Lord Amherst，又译"安默士号"）商船，沿中国大陆、中国台湾、朝鲜半岛以及琉球的海岸航行，随行的传教士郭实猎趁此机会在当地人中散发了大量基督教书籍。——译注

直到中国人了解到外国人的品格、愿望、权利、目标和力量，届时他们才愿意屈尊，并乐于谈判。

因此，欲与中国建立真正的商业及政治关系，在很大程度上依赖于对汉语的了解。因而有了学习这门语言和研究汉语文学及中国法律的强大动机。但还有其他更重要的考虑促使我们学习汉语，即由此了解中国的礼仪习俗和道德宗教体系。由此看来，了解汉语已变得非常重要，大家对汉语已经产生了任何笔触都难以描述的巨大兴趣。

第二章　汉语书面语 ①

在上篇文章中，我们谈到汉语的古老性及在各国的广泛使用。然而其广泛使用仅限于此文将讨论的书面语。汉语作为口头语使用时，其习语和发音一直都在发生变化，而这两方面的变化在中国各省及使用汉语的各处都十分显著。正是汉语书面语的特殊结构和概念符号，使汉语书面语在很长一段时间里几乎不受时间的干扰，不被频繁的社会混乱破坏。从此番描述所暗示的对比中可得出汉语书面语的本质。虽然汉字的基本字符源于象形文字，但如今的汉字仅仅是种符号，其性质几乎与普遍用作算数符号的阿拉伯数字相同。和阿拉伯数字一样，汉字也可被任何国家的语言采用。由此，汉字符号"人"，其本身并不代表读音，不像字母语言中的词那样由语音构成，它可在不同语言中有同样恰当的发音，汉语读作"jin"②，日语读作"nin"，罗马语读作"homo"，而希腊语读作"ανθρωπος"。同样类似阿拉伯数字的是，汉字符号也可由两个或更多基本字符进

---

① 译自 1834 年 5 月《中国丛报》第 3 卷第 1 期第 2 篇，作者马儒翰（John Robert Morrison，1814—1843），英国来华传教士，马礼逊之子。原文标题为：汉语书面语：汉字书写起源；六书；各种书体；通用汉字的名称与最佳英语拼音法；近代汉字部首划分；部首表。——译注

② 此发音据当时的汉语发音标注，与现代汉语拼音的"ren"有所不同。本篇中标注的所有汉语发音皆为古代汉语的发音。——译注

行组合来表达一个含义。汉语中有许多合体字，其性质与32、55、304这样的符号组合相似。无论它们的构成部分被理解得多么随意，都在眼前呈现出了明确的概念。因此在汉语中，"不"和"正"两个字符，虽看似随意，但知道它们的含义后便可马上明白二者组合而成的"歪"字表示"弯曲"的意思。

　　然而当我们进一步考察汉字后，发现它和西方数字符号有一处重要的差异。西方数字无论如何组合都无法表示读音，而有很大一部分的汉字具有一定的表音性质。这些汉字由意和音组合而成。中国的语言学者认为这种情况是由于符号系统不够完善，他们认为符号系统有局限性，而音节系统则没有。因此，当发现无法用符号来表示文字时，这种符号若非完全随意，有人便提出将现有的符号组合起来以表示读音。用于合成的字符基本不超过两个，一个代表读音，另一个通常代表一类事物，表示事物的某种性质或特征。其中一个字符所表示的发音与要找到书面符号的词的口语发音相同或相似。比如口语中的"kwei"表示"桂树"，为此树创造一个象形符号是不切实际的，因为如果符号不够精准，则难以同表示其他种类树木的符号区别开来。此时便需借助音节系统。将用来表示一般树木的符号与一个发音为"kwei"的现成符号组合起来，便形成一个足够明确的汉字，且以单个字便可表示"桂树"。大多数汉字源自此方式。然而在许多情况下，发音仅是相似而已，而且字符可能看似由音节符号组成，事实上又并非如此。因此，虽然很有可能只看一眼就知道汉字的发音，但我们认为，没有一个汉字的发音可以按这种方式确定。

　　少数汉字是在无意之中通过近似字母系统的方式创造出来的。例如，汉字"靡"马礼逊《华英字典》^①按字母排列部分的第 7566 条，是由字符"麻"和"非"组成。将"mo"开头的辅音和"fe"结尾的元音合并起来，就得到两个音节的结合音"me"。很难说这只是种偶然情况，因为两个组合字符与合成字的基本含义没有任何关系。我们有理由认为，这一表音系统是近代从梵语引进汉语字典的，以上所举的几个例子皆是由此而来。但假设这些字是中国人自己的发明，也很好解释，因为不同时代和不同地方都采用了具有表音性质的汉字。因此，如果有人事先就了解字母系统，并按其原则造出几个汉字也不足为奇，但他可能并不指望能推广使用，便也没有再与他人交流他所知道的。

　　表音汉字是目前为止数量最多的一类汉字，也是现在唯一可以引进新字的一类。多亏有表音汉字我们才有常说的俗体字，各省都采用俗体字来表达方言特有词汇。

　　基于以上论述，我们可进一步阐明，大部分汉字，至少从起源来看，并非任意而为。汉字显然源于某种绘画，粗略地勾画出与实物相似的轮廓，或描绘出它们的某种特质。最初是象形的，但经过逐步调整以便书写或为了美观，终成为纯粹的字符。关于此点，一位有才能的作者在中国的一本百科全书《通志》^②中说道："书与画同出，画取形，书取象，画取多，书取

---

① *A Dictionary of the Chinese Language*，是一部由马礼逊编纂的宏大字典，于 1815—1823 年陆续出版，汉英对照，分为三大部分。——译注
② 南宋郑樵（1103—1162）所著纪传体中国通史。——译注

少。凡象形者皆可画也，不可画则无其书矣。"

　　我们没有理由推断，被称为造字者的仓颉当初采用了某种特定的象形造字体系。据说他的造字灵感来源于对自然界各类形态的仔细观察；或者根据中国人略显天真的说法，是来自观察各种各样的龟甲纹路、偶然留下的马蹄印迹、千变万化的云朵形状以及变化不定的星辰位置。考虑到仓颉生活的时代，近代中国人的祖先才刚开始定居，或者比这更早，因而他不太可能在粗略描绘自然事物的象形文字之后再有所超越。不过后来的语言学者将汉字分为六大类，之后汉字又被进一步划分成更多种类。以下是通常被称为"六书"的六大类汉字。

　　1. 类似于实物形状的字形，谓之"象形"。以下例子足以说明，无须赘述。

现写作：

日　月　山　目　子　馬

　　2. 指示事物某种特质或相关情形的字形，谓之"指事"。是以，"日"凌于地平线之上，意为晨；半出之月意为日落西山后的傍晚，是为"夕"。其余例子更是一目了然。

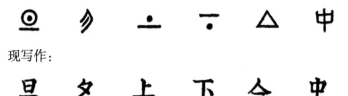

现写作：

旦　夕　上　下　亼　中

3. 意之合即"会意"，由两个或三个字形或符号组合而成以表示一个新的概念。是以，日月之合即为"明"；门中有木即为"闲"，意为栅栏；两树并立意为"林"；人目相连即为"见"；两人落于地即为"坐"；"自"与"王"合则为"皇"，既表上天之皇权，又指上天之人间代理执政者即皇帝。

现写作：

4. 意义倒转为"转注"，表现为符号的整体或部分进行倒转。如果某一符号的意义因减少笔画或增添笔画而发生变化，亦可归为此类。下列例子的形和意皆为完全倒转。但最后一个字符最初的含义现已丢失。

现写作：

5. 融合了语音的符号为"谐声"[①]，为合体字，是将代表物体名称的口头发音符号与表示同类物体一般属性的符号相结合，上文已就此作出详细说明。在此只再举两例：第一个例子是发音为"ngo"的字符和表示禽类"鸟"的字符组合而成，即为"鹅"。第二个例子是表示"水"的字符和表"ko"音的字符组

———————

① 又称"形声"。——译注

合而成，从"ko"的发音得出与之相近的读音"ho"即"河"。

现写作：

6. 借用即"假借"，包括调整及隐喻。关于调整，以"字"为例，是表示小孩的"子"在保护下成长，因此"字"就是指象形文字完善后的产物。关于隐喻，以"心"为例，其原意为心脏，但现在这个含义已几乎被遗忘。

现写作：

隐喻在所有语言中都很普遍，在汉语中并没有特别的性质，在此无须多加解释。但关于借用或调整的用法，再举一两个例子可能更好理解。"初"（马礼逊字典第1241条）字意为"开始"，合成该字的两个字符意为用刀裁剪衣服，因而该字最初的含义为裁缝制衣的起始。然而，该字的含义最终通过调整演变成一个更为笼统的意思。"難"字本意为一种鸟的哀鸣，通过调整后得到"麻烦"或"悲伤"的笼统含义。又经过进一步的调整，"難"如今更常用来表示引发悲伤的一个主要原因，即"困难"。这样的挪用在汉字中很常见，其数量也许比任何一种欧洲语言都要多。

我们关于此主题的论述主要参照《通志》，根据其作者郑樵的统计，在下面列出六书中每一类所包含的字符数量。但中国语言学家的观点各有不同。

1. 效形字符"象形"：608；

2. 指示字符"指事"：107；

3. 意合字符"会意"：740；

4. 倒转字符"转注"：372；

5. 音节字符"谐声"：21810；

6. 隐喻字符"假借"：598。

郑樵认为第五类字符数量太多，无法计算，他给出的数字远未包括全部。但我们可以确定的是，已给出的这个数远超过真正实用的汉字数量。

所有的汉字都可归于六书中。中国的语言学家认为，前两类都由象形文字组成，描绘了物体的整体或局部。接下来的三类仅为符号，尽管不全是随意拼凑的，但是并非靠与物体外形上的相似来表达意义。最后一类则包含了其余所有汉字。上文已说过，这种分类法是比较近代的发明。正如语法一般，其提出只是为了排列既有汉字，对最初的汉字构造没有影响。然而有些中国人声称，所有的古代汉字都是根据固定规则构造的，但更理智的中国人则反对此观点，援引大量不同的汉字构造方式来表明其错误，这些不同的方式不仅存在于不同时期和相距遥远的地方，甚至还存在于同一地区、同一代人中，由此推断并不存在固定的规则。

印刷术的采用及字典的编纂使现在的汉字更具确定性。但是仍有许多汉字存在各种不同的写法，要么源于偶然情况，要么源于字形相近而导致的混淆。在某些情况下，字形上的细微变化并非与意义无关，同一个汉字的不同写法可用来表示不同的含义。有些字形变化是出于必要或者说是为了方便，用以简化复杂汉字的结构；有些变化源于学者的不同品味，有时他们认为新的字符组合能够更好地诠释一个字的含义，它不同于已通用的字形；有些只是随意为之，有些是为了简化，还有些则是出于无知。欧洲汉学家将所有这些字形变化都称为异体字，可划分为以下几类。第一，正体字。第二，古体字，有时为老学究所用。第三，同义字，改变构字部件的排列方式，或采用完全不同的字形，但其含义保持不变。第四，只有某些特定含义相同的字。第五，俗体字。第六，简化字。例如，正体字"去"有时使用其古体"厺"。"岌"与"岋"二字仅偏旁位置不同，而意义相同。"稱"和"秤"，有一偏旁不同，但现在通常用法相异；二者皆有两层含义，一表测量，二表述说；现在第一个含义几乎专用"秤"来表示。"竝"和"并"，字形虽完全不同，却是同一个字的不同写法。第四类例子有"陪"和"培"，二者只有"垒土"这一含义相同。俗体字很常见，如"凡"的俗体为"几"。在通俗文学书籍，尤其是民间歌谣和速记中，有大量简化字，如"馬"的简写为"馬"，以一横代替四点。所有这些异体字都或多或少被收入字典中，如此一来，对于独自学习的人而言，学习这些异体字的难度便大大降低了，但仍有许多完全未被认可的错别字。

在研究异体字时，应注意不要混淆只有一两笔差异的汉字，它们的含义往往天差地别。在观察构字部件有细微变化的汉字时，不能将其看作异体字，除非它们表意的偏旁意思相近。例如，"木""艹"和"竹"常不加区分地用于构造异体字，而"土"和"氵"只能与含义截然不同的汉字构成异体字。

除了某些特别的异体字外，不同时代还采用了不同的书体，影响了所有汉字的外观，这在本质上和我们所使用的黑体、罗马体、斜体、手写体等不同字体相似。书体的变化在一定程度上是由书写材料的变化引起的。在孔子生活的时代，人们使用削制得薄而平滑的竹片，也用树叶和芦苇，如今锡兰[1]、马拉巴尔[2]仍在使用，缅甸、暹罗等国家的佛教僧侣也在使用。人们通常用尖锐的木棍或者铁棍在这些书写材料上写字，有时还用到清漆。后来使用丝绸和布料，为了在丝布上书写，采用各种毛发制成的毛笔，这大约发生在公元前300年。公元1世纪人们发明了纸。纸由多种材料制成，目前最好且最常见的纸是由薄竹皮制成的。现在中国和印度支那国家普遍使用的名为"印度墨"的墨水在公元7世纪才开始使用。

目前已知的字体有六种，其中不包括奇特的古代字体"蝌蚪文"。这种文字的所有笔画都如其名所指，以类似蝌蚪的形状收尾，如今已经很难见到这样的字体。下面介绍其名称。

1.篆书。根据该字体如今最常见的用途，欧洲人称其为印章字。除最初的象形文字外，篆书是最古老的字体，有许多变

---

[1] 斯里兰卡旧称锡兰，为热带岛国，位于印度洋上。——译注
[2] 马拉巴尔海岸是一条长而狭窄的海岸线，位于印度次大陆的西南部。——译注

体，或是奇特的发明，或是不同时代的修改。但主要有大篆和小篆两种。大篆几乎只见于印章或戳记上，小篆常用于装饰性的题词和书的序文，也用于印章。

2. 隶书，胥吏之书，形成于公元纪年开端的秦代，为衙门里的书吏所用，因此得名，现常用于题词和作品序文。

3. 楷书，楷模之书，由逐渐完善的端正书写而形成，是所有近代字形的源头。如果一个中国人不能整洁而准确地写出楷体字，便不能在同胞中称得上有学问。

4. 行书，按字面可译为"行走之书"，在一定程度上可谓名副其实，但并不意味着全然放任。运笔需笔画相连，笔不离开纸面，但是不可采用字典未承认的简笔，亦不可省去字中任何一笔。书写利落之人惯用行书，此体也常用于书籍序言中。

5. 草书，比上述"行走之书"自由而得名，充满了简笔，即使中国的饱学之士也难以辨认。不仅采用了简笔，甚至还省去了诸多笔画，随意挥笔，字字相连。该字体多为从商者日常书写所用，但要完全理解，需要专门学习。因此草书主要用于碑文，亦时见于序文，尤为年长的作者所爱。

6. 宋体，即宋朝的字体。[①]宋朝时，该字体用于印刷时比其他字体更为精美。中国的雕版印刷术发明于公元 10 世纪初。此后约 40 年，赵氏问鼎皇权开创宋朝，在此期间宋体逐渐形成。我们相信，从此之后，宋体并未发生过重大变化。

---

① 实际为明朝才出现。南宋时期的印刷作坊里开始出现类似印刷体的字体，后世称之为过渡仿宋体。明朝时期推崇宋刻本，在原印刷字体的基础上进一步发展，却依旧称之为"宋体"。——译注

装饰性题词及序文几乎只专用几种字体，这一点仍需做些说明。中国人崇尚书法，且认为汉字非常高雅。由于中国人很早就了解了印刷术，政府又设立了特有的文学机构，所以中华民族也是喜爱读书的民族。为此，各种题词（常搭配风景画及历史素描）被悬挂在家中，就像我们西方人家里挂的画一样。这种情况随处可见，哪怕在广州及其他海港有大量人口居住的船只上也常挂有题词。对书法的崇尚也包括人们对文人手迹的钟爱，这种喜好很容易得到满足，因为他们的印刷方式为摆脱摹本提供了便利，绝不逊于平版印刷术。因此文人习惯在序文中使用古老而奇特的字体来展示书法功力。这种风气仍保留至今，不过在大多数情况下，这种书法现由专职研究书法的誊写员来完成。

汉语书面语与口语之间的关系中有一个显著的特点，而且我们相信，这个特点仅限于汉语和几种同源语。普遍认为，汉语书面语和口语是截然不同的，"汉字并非言语的图像描绘，而言语也并非汉字的口头表达"[1]。如果这句话的意思是汉语的书面语和口语之间的关系不像字母语言的书面语和口语那样，那么必须承认这种说法。但如果这句话的意思是发音对于汉字的形成没有任何影响，那么持此观点的人应参考我们上文提及的六书中的第五类。这类汉字一半表音一半表意，数量远超过其他类别的汉字。如果剥夺其表音部分的功能，那么这些字就和随意拼凑的字符差不多，因为它们的表意功能几乎总是具有共性

---

[1]　引自雷慕沙《汉文启蒙》第23页。——原注

的。在此情况下，想记住大量汉字需要耗费相当多的记忆力。

但从我们的经验来看，情况并非如此。汉字表音的程度对学者，特别是对已记住了口语词汇的中国人而言有很大的帮助。由此我们推断，语音显然在汉语书面语中占有重要的一席之地。有一事实可更凸显这点，即同一个汉字根据发音的声调不同而具有不同含义。

因此，书面语中缺乏表音字符并非书面语与口语的显著差异所在，因为只有最初的汉字和完全由表意偏旁组成的汉字缺乏表音字符。口语词汇的单音节性以及字符的形声性才是二者的差异所在。在口语中，单音节的不足使得有必要用两个或多个同义字来表达一个想法；而在书面语中，表意部分可用于区分这些字符，如此一个字符便足以表达同样的想法。

通过例子可以更清楚地说明这一点。我们在马礼逊字典第二部分读音为"chin"的词条下找到 87 个发音基本相同的汉字，只是声调有些许差异。显然，声调只能产生少许听得出的差异，而许多汉字的发音必然是完全相同的。因此，在口语中这些字需要和其他同义字结合起来，但这并不能证明书面语中也用到了语音。这点也可通过例子清晰地说明。在 87 个读音为"chin"的汉字中，排在第一的字[①] 意思为浓密的须发，接下来 20 个字，每个字的结构中都包含这个字。如果它并非随意拼凑到这 20 个汉字中，那么它必然是表意字符或表音字符。我们在此给出其

---

① 即"参"字，今读作 zhěn。下文所列举的与其相关的合体字依次为：髟，珍，珍（鉁），畛，畛，疹（胗），砧，畛，聄，紾，袗，诊，趁，轸，胗，眕，髟，矤。——译注

合成字的含义，请读者自行判断其用法。该字本身仅有上述唯一的含义，即又密又黑的须发，中国人将它看作装饰性的。字形稍加调整，则表示羽翼初丰；合以字符"手"，意为抓住；合以"玉"或"金"，意为珍贵；合以"田"，意为田间小路；合以"日"，意为光明；合以"疒"或"月"，意为皮疹；合以"石"，则指险峻；合以"目"，指视觉迟钝；合以"耳"，则指听觉；合以"糸"，意为转绳；合以"衣"，则指衣服；合以"言"，则指检查；合以"走"，表示追逐；合以"车"，指马车的一部分构造；合以"頁"，表示半秃等含义；合以"馬"，表示负重的马匹；合以"髟"，意指长发；合以"黑"，意为黑暗。

我们无须进一步讨论此问题。上述言论是为了说明了解发音对于学习汉语书面语有一定的必要性，因此在讨论书面语时，应留意汉字的名称及适合我们国语即英语的拼音法。不同省份的差异留待下次研究。

汉语词汇大多是单音节的。然而，很多汉字的读音由两个或多个不同元音组成，呈现出多音节性。全国通行的汉语很少由完全的元音开头，理论上从不如此，而全部以元音、双元音或鼻音结尾。汉语中有几个音无法用任一欧洲字母表中的字母来准确表示。必须对这些发音进行描述，并尽可能接近。

以下为按照英语字母表顺序排列的元音和其他韵母。[①]

ā 和 ă。第一个音与 calm 中的 a 几乎相同；而作为一个音节的尾音时，短 ă 就像快速发出感叹词 ah；如果合以一个鼻音，

---

① 原文中为进行强调和区别，很多字母和单词都使用了斜体。对于不影响理解之处，译文中统一使用正体。——译注

它的发音就会介于 hang 与 hung 之间，有时倾向于前者，有时倾向于后者。

ay 的发音与 may、day 等词中的 ay 相同。

e 的发音与 me、he 中的 e，或者 see 中的 ee 相同。如果放在另一个元音之前，如 eën，它就和 yell 中的 y 一样。

e 或 ĕh 的发音像 pet、met 等词中的 e 一样。

eih 的发音类似于 pit 和 fit 中的短 i；这种拼音法被马礼逊字典所采用，但并未贯穿整本字典。

eu 较难发音，它类似于法语中 u 的延长音，法国汉学家用字母 iu 表示它。

ew 和 few、hew 中的 ew 相同。

ih 是个特殊的音，它近似于 fir 和 sir 中的 i，或者 servant 中的 e。在马礼逊字典中，ih 与 eih 有所混淆，偶尔会不经意用 ih 表示 eih。

o 与 go、so 等词中的 o 一样是开口音，有时接近德语中的 ë。

ŏ 像 cot、spot 中的短音 o。

oo 像 pool、cool 中的长音 oo。

ow 和英语中 ow 的发音相近，由极短促的 ă 迅速滑向 oo。

u 一般单独作韵母，发音与法语中的 u 一样。如果加上鼻音，听起来则像 bull 中的 u。

uĕ 的读音类似于 cut 中的 u，但它的发音更长。

uh 的发音和 put 中的短音 u 一样。

uy 是个特殊的音，其发音类似于 fluid 中 ui，也像法语

pluie 中 ui 的音。

以上大多是单韵母。元音如果和鼻音 n 和 ng 连用，则会形成 ān、ǎn、āng 和 ǎng，根据上述相应元音进行发音。

en 的发音类似于 pen 和 men 中的 en，有时接近 ant 中的 an。

in 和 ing 类似 sin 和 sing 中的发音。

ūn 和 ūng 发音与 bull 中的 u 一致。un 的发音常与 ǎn 混淆。

通过在结尾合并两个或多个元音，又额外产生了下列音，一般发成二至三个短音，从一个音快速滑向下一个音，就像 fluid 的发音一样。

āë 的发音类似希腊语 χαι 中 αι 的发音。

āo 或 āou 中每个元音的发音都要清楚而迅速。

eä 的发音类似 ya，绝非英语中的双元音 ea。

eaë、eäng、eaou、eay、ĕë 或 yě、eën。

ĕi 发音较难，接近上述 uy 的发音。

eǒ、euě、euen、eǔh、eun、eung、wā 或 ooā、wǎ、wāë、wān、wǎn、wāng、wǎng、wěi、wo、wǒ、woo、wǔh。

假定汉语确实是种单音节语言，把汉语的重要语音称为音节，那么各种不同的音节就是在上述韵母之前加上以下声母而形成的。

ch，清音，如 chat 和 chaste 中的 ch 一般。

chh，比 ch 的发音更重并送气。

f 与英语中 f 的发音一致。

h，置于 a、ě、o、oo 及它们的合成音之前，是个强送气喉音，在英语中没有完全对应的音，但与希伯来语中的п（音 hhēth）一致。

h，在 e 前发嘶音，就像后面跟着一个 y，因此 he 的发音就像在 ye 前放置一个送气音，即 'ye。

j 或 zh 的发音如法语 jemais 中 j 的发音一般，容易与荷兰语中的 y 混淆。

k 和 kick、kid 中的 k 或 cat、calf 中的浊音 c 的发音相同。

kh 是送气喉音，其发音类似希伯来语中的כ和希腊语中的 χ。

l、m、n 的发音与英语中一样。

ng 是鼻音，其发音和英语中的尾音 ng 一样；作为声母，其发音类似将 hanging 一词的前两个字母去掉后的发音。它的标准发音总会变成 y 的发音，或者像梵语中的鼻音一样不发音。因此它被叫作促音，类似希腊语中的不送气音及阿拉伯语中的ع（音 aīn）。

ny 像西班牙语的流音 n，或法语单词 maligne 中的 gn。

p 是清音，接近 b 或者更用力一些，和英语中的 p 一样。

p'h 是 p 的强送气音，绝不同于英语中与 f 相同的 ph。

s 与 ss 与英语中的 sit、hissing 等词几乎相同，难以明确区分。

sh 与英语中的 sh 一样，或与法语中的 ch 一样。

sz 的音很难表示，它和可用法语表示的 ss 差别不大，只与一个特别的元音进行组合，而该元音只能通过真人发音学会。

t 是清音，有时接近 d 的发音。

t'h 是 t 的送气音。

ts 和 t's，一个是清音，一个是送气音，二者发音皆与希伯来语的 ʒ（音 tsādhē）相似。

tsz 是将上述 t 音置于 sz 之前。

w 也许应被看作元音，其发音接近英语中的 w，有时类似 who 中的 w，有时则似 war、won 等词中的 w。

y 的发音常近似于 yard、yoke 中的 y，但有时它不发音，正如无声或短促的 ng 一般。

'r，urh，'ll 或 eul 作为声母和韵母都是一个很特别的音，它的发音就像用不完美的发声器官努力发清 r 的音。汉语字典认为这个音无法表示出来，将其称作 je、ye、nye 和 'e，它在不同的方言中发作这些音。在通用汉语中，其发音近似梵语中几乎无法发音的 ঋ（音 lri），孟加拉学者将这个梵语音清化为特殊的 l。

在努力探究梵语的语音差异时，中国学者还发现了其他几个细微的变音，然而这些变音是难以察觉的。比起增加上述声母的数量，我们宁可减少数量，如 ch、chh、p、ph 等基本相同的清送气音，仅因为送气音的干扰而有所变化。我们按此在下列汉语重要语音表中进行简化。

上文所述的韵母有四声之分，如果四个声调都可同样地用于每个原始音，那么汉语的音调变化将增加四倍。但事实并非如此。有些音只有三个调，有些只有一两个不同的调。四个声调是：平声，即平调或单声调；上声，即升调，用力发出；去声，即长降调；入声，发音短促，仿佛音只发了一半又突然收

回。为了便于记忆，中国人将四声标注在手掌上，并辅以韵诗
作释，如下：

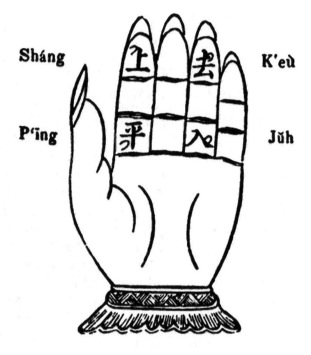

平声平道莫低昂；

上声高呼猛烈强；

去声分明哀远道；

入声短促急收藏。

欧洲第一批汉学家即罗马天主教传教士，在采用记号表示
汉语声调时，用沉音符表示上声，用尖音符标注去声。有些近
代的学者将两者对调过来，采用欧洲书籍中常见的体系。以下
便是我们在需要标注四个声调时所采用的符号。

1. – 表示平声，如 pān。

2. / 表示上声，如 pán。

3. \ 表示去声，如 pàn。

4. ∨ 表示入声，如 pǎ。

对于汉语声调的确切数量，中国人有多种观点。然而书面语只有四声，或者至少主要使用的是四种声调。因此我们暂且不对此进行深入思考，留待谈论汉语口语时讨论。虽然了解这些声调对口语是必要的，但在书面语中，中国人不标记声调，除非某处声调变化导致的意义变化太细微，无法通过文字间的联系来确定。因此，我们认为总的来说无须将它们包含在汉字拼音法中。

为了清楚明白地阐释组成汉字的声母和韵母，有必要大量使用重音符号。但经检查拼音法发现，除少数情况外，元音的功能由其所在位置表示。因此无须继续使用重音符号，除非是 ǎ、ǎn、ǎng、ě 和 ǒ 等韵母，我们才需要记号来区别于 a、an、ang、e 和 o。在此必须注意单独的 ǎ 与 ǎn、ǎng 中的 ǎ 在用法上的区别。前者标为入声，中国人将其看作 an 与 ang 的变音。后者指的是一个特定的音，且对音节的长度没有影响，该音节可以发任一声调。因此，hǎ‾n、hǎ′n、hǎ`n、hǐh 与法语拼音法中的 hēn、hén、hèn、hě 更为一致。此处的 ǎ、ih 和 e 的发音与 money 中的 o 或法语中 de、que 等词中的 e 几乎相同。

下表与马礼逊字典给出的表大体相同。如果字典中的拼音法有必要修改之处，都用斜体标出。如果有建议修改但非必要之处，则先保留字典中的原拼音法，再用罗马字附上修改。所有属于入声的突变音在中国人看来仅是语音的变调，但在英语中，这些音需要不同的拼音法，因此插入一个"a"来进行区分。元音前的柔气符是为了将其标记为不送气音，不送气音本身就带有鼻音或流音性质，如今的用法是要求不发音。因此，'e 音有时来自 nge 或 nye，有时来自 ye，这些发音偶尔还会保留，但是好的用法还是发作英语中的 e。音节 'wei 或 'ouei 以及 'oo 目前更常保留 ng 的鼻音。马礼逊字典中的音节共有 411 个；下表中又增加了更多音节，但并未统计其数量。

汉语重要语音表（不包括因调整音调和送气而产生的变音）

音节	№	音节	№	音节	№	音节	№	音节	№
'A	1	Go, Ngo	48	Jow	102	Laou	158	Nan	212
'Ae, *Gae*		Gow, Ngow }	49	Juen	103	Le	159	Nang	213
'An	2	Hae	50	Juh	104	Leäng	160	Näng	214
'An, *Gan*		Han	51	Jun	105	Leaou	161	Naou	215
'Aou	3	Hang	52	Jung	106	*a* Leě	162	Ne	216
Cha	4	Häng	53	Juy	107	Leēn	163	Neäng	217
a Chä	5	Haou	54	Kae	108	Leih	164	Neaou	218
Chae	6	He	55	*a* Kan	109	*a* Leŏ	165	*a* Neě	219
Chan	7	Hea	56	Kän	110	Lou	166	Neěn	220
Chang	8	*a* Heä	57	*a* Kang	111	*a* Leuě	167	Neih	221
Chaou	9	Heae	58	Käng	112	Leuen	168	Neŏ	222
Chay	10	Heäng	59	Kaou	113	Leuh	169	Neu	223
Che	11	Heaou	60	Ke	114	Lew	170	New	224
a Chě	12	Hee	61	*a* Keä	115	Lih	171	Nin	225
Chen	13	*a* Heě	62	Keae	116	Lin	172	Ning	226
a Cheih, Chih }	14	Heen	63	Keäng	117	Ling	173	No	227
Chin	15	Heih	64	Keaou	118	Lo	174	*a* Nŏ	228
Ching	16	Heo	65	*a* Keay	119	*a* Lŏ	175	Noo	229
a Chŏ	17	Heu	66	Keě	120	Loo	176	Now	230
Choo	18	*a* Heuě	67	Keen	121	*a* Low	177	*a* Nuh	231
Chow	19	Heuen	68	*a* Keih	122	Luh	178	Nun	232
a Chuě	20	Heuh	69	Keŏ	123	Lun	179	Nung	233
Chuen	21	Heun	70	Keu	124	Lung	180	Nuy	234
a Chuh	22	Heung	71	Keuě	125	Luy	181	Nwan	235
Chun	23	Hew	72	Keuen	126	Lwan	182	'O	236
Chung	24	Hih	73	*a* Keuh	127	Ma	183	'O'	237
Chu, *Choo*		Hin	74	Keun	128	*a* Mä	184	Pa	238
Chuy	25	Ho	75	Keung	129	Mae	185	*a* Pä	239
Chwa	26	Ho	76	Koung	130	Man	186	Pae	240
Chwae	27	*a* Hŏ	77	Kew	131	Mang	187	Pan	241
Chwang	28	Hoo	78	*a* Kih	132	Mäng	188	Pang	242
'E	29	How	79	Kin	133	Maou	189	Päng	243
Fa	30	Hung	80	King	134	May, Meay }	190	Paou	244
Fan	31	Hwa	81	Ko	135	Me	191	Pe	245
		a Hwä	82	*a* Kŏ	136	Meaou	192	Peaou	246
		Hwae	83	Koo	137	*a* Meŏ	193	*a* Peě	247
				Kow	138			Peěn	248

Fang	32	Hwan	84	‹ Kuh	139	Meĕn	194	Pei	249
Fe or Fei	33	Hwăn	85	Kung	140	Mei	195 ‹	Peih	250
Foo	34	Hwang	86	Kwa	141 ‹	Meih	196	Pew	251
‹ Fŏ	35	Hwăng	87 ‹	Kwă	142	Mew	197 ‹	Pih	252
Fow	36	Hwŏ	88	Kwae	143 ‹	Mih	198	Pin	253
‹ Fuh	37 ‹	Hwuh	89	Kwan	144	Min	199	Ping	254
Fún, Făn	38	Hwúy	90	Kwăn	145	Ming	200	Po	255
Fung	39	'Ih, *Gih*		Kwang	146	Mo	201 ‹	Pŏ	256
Gae, Ngae	40	Jang	91	Kwăng	147 ‹	Mŏ	202	Poo	257
Gan, Ngan	41	Jaou	92	Kwei	148	Moo	203	Pow	258
Găn, Ngăn	42	Jay	93	Kwo	149	Mow	204 ‹	Puh	259
Gang, Ngang }	43	Jě	94 ‹	Kwŏ	150 ‹	Muh	205	Pun, Păn	260
Găng, Ngăng }	44	Jeuě	96 ‹	Kwuh	151	Mun, Măn }	206	Pung	261
Gaou, Ngaou }	45	Jeih, *Jih*	96	La	152	Mung	207 ‹	Pwan	262
Gih, Ngih	46 ‹	Jen	97 ‹	Lă	153	Mwan	208	Să	263
Go, Ngo	47	Jin	98	Lae	154	Na	209	Sae	264
		Jing	99	Lan	155 ‹	Nă	210	San	265
		Jŏ	100	Lang	156 ‹	Nae	211	Săn	266
		Joo, Jeu	101	Lăng	157			Sang	267

Săng	268	Shoo	298	Täng	326	Tseuen	357	Wan	384
Saou	269	Show	299	Taou	327	Tseun	358	Wăn	385
Se	270	Shu		Te	328	Tsew	359	Wang	386
Seäng	271	* Shuh	300	Teaou	329	* Tsih	360	We	387
Seaou	272	Shun	301	Teay	330	Tsin	361	Wei	388
Seay	273	Shwa	302	* Teě	331	Tsing	362	'Wo	389
* Seě	274	* Shwă	303	Teěn	332	Tso	363	* Wŏ	390
Seěn	275	Shwae	304	Teih	333	* Tsŏ	364	Woo	391
* Seih	276	Shwang	305	Tew	334	Tsoo	365	'Woo	
* Seŏ	277	* Shwŏ	306	Tih	335	Tsow	366	Wuh	392
Seu	278	Shwuy	307	Ting	336	Tsuh	367	Ya	393
* Seuě	279	* Sih	308	To	337	Tsun	368	* Yă	394
Seuen	280	Sin	309	* Tŏ	338	Tsung	369	Yae	395
* Seuh	281	Sing	310	Too	339	Tsuy	370	Yang	396
Seun	282	So	311	Tow	340	Tswan Tsoan }	371	Yaou	397
Sew	283	Sŏ	312	Tsă	341	Tsze Tsz'h }	372	Yay	398
Sha	284	Soo	313	Tsae	342	Tuh	373	* Yě	399
Shă	285	Sow	314	Tsan	343	Tun	374	Yen	400
Shae	286	Suh	315	Tsang	344	Tung	375	Yew, Yoo }	401
Shan	287	Sun	316	Tsäng	345	Tuy	376	* Yeih, *Yih* }	402
Shang	288	Sung	317	Tsaou	346	Twan, }	377	Yin	403
Shaou	289	Suy	318	Tse	347	'U'h, Wuh, }	378	Ying	404
Shay	290	Swan, Soan }	319	Tseäng	348	'Ung	379	Yŏ	405
She	291	Sze, Sz'h }	320	Tseaou	349	Urh	380	Yu, 'U	406
* Shě	292	Tă	321	Tseay	350	Wa	381	* Yuě	407
Shen	293	Tă	322	* Tseě	351	* Wă	382	Yuen	408
* Sheih, *Shih* }	294	Tae	323	Tseěn	352	Wae	383	Yuh	409
Shin	295	Tan	324	* Tseih	353			Yun	410
Shing	296	Tang	325	Tseŏ	354			Yung	411
* Shŏ	297			Tseu	355				
				* Tseuě	356				

　　任何有拼音系统之处都便于进行编排，拼音系统的缺乏使汉字归类变得棘手。中国最早采用的编排方法只适合那些已经知道汉字名称而想了解其含义的人使用。所有的汉字都在韵书

中根据韵母进行排列，但这不足以根据不同的基本音形成多个类别（有必要根据声调对同一个音再进行细分），从而增加了在没有事先了解发音的情况下找到一个汉字的难度。目不识丁的人仍然更喜欢这种有缺陷的方式，虽然似乎并不方便。随后有一种方式在梵语音系传入中国后被采用，与以前韵母系统不同的是增加了声母系统。因此，人们不需要再像之前那样，翻遍整个 s-eёn 类来查找 keёn、leёn 或其他同韵母的字。按此方式编排的字典有声母系统并按声母排序，因而了解字典用法的人可以很快查到代表 k 和 l 等的声母栏 k-eä、l-ew，找到要查找的字。这种方式虽然略好一些，却同样不适合那些事先不了解字音的人。该方式现在福建省普遍使用，而前述第一种则在广州通用。这两种方式显然都不适合查找汉字的发音，它们仅能用于指出已知词汇的写法，以及同一个汉字的不同含义。

　　在这两种方式之后，人们逐渐开始使用一种根据汉字构字部件进行分类的方式。汉字中最为突出的部分被冠以"部首"之名，在欧洲称其为词根。明显具有同一"首"的字全部都被划分进同一"部"。由于没有采用统一的体系，字典编撰者在部首的数量上意见不一。有些包含 500 多个，还有些包含 300 多个；但最好的几部近代字典，包括作为标准的《康熙字典》，只包含 214 个。数量还可进一步缩减，正如澳门的江沙维在《汉字文法》（*Arte China*）及《华葡字典》（*Diccionario China-Portugeez*）中所示，《华葡字典》将部首数量减少至 127 个。

　　部首与其合成汉字的发音无甚关联。有时，它们仅为无意义的笔画或笔画组合，或者即便它们本身有含义，也根本不影响其合成汉字的含义。有时，那些最不显眼的汉字组成部分反而被选为部首，因为它们与合成汉字的含义有关。但在大多数情况下，部首不仅显眼，同时也是有意义的字符，可指示其合成汉字的大意。这些情况下部首通常与声旁组合，以此限制它们所指示的大意。这在属于自然历史的词汇中尤其明显，尽管与其他学科相关的词汇中也有许多例子。这种类型的部首很容易发现，而其他部首，特别是不显眼的那些，时常难以发现，亦无规律可循。部首的位置多变，但是最常见的位置是合体字的左方，还有些部首总在右方，其他的部首并没有固定的位置。有的在上方，有的在下方。有少量部首被分开，一半在左一半在右，或者一半在上一半在下。有的形成一个"容器"，构字部件置于其中。有些部首则是合成的，其中每个字符所在的位置都不尽相同。在下列214部首表中，也包括了这种合成形式。以下例子可说明部首和其他部件进行组合的方式。每个汉字下的数字即为该字所属部首在下列部首表中的编号。

仝	仁	分	刊	邧	阻	孔	孟	季	嶟	衍	衰	匜	囚
9	9	18	18	163	170	39	39	39	39	144	145	22	31

部首表 ①

OF ONE STROKE.

1	一	*Yĕih*, one, the same, to reduce to one state. 32
2	丨	*Kwǎ'n*, to descend perpendicularly, straight. 14
3	丶	*Choó*, a point, a flame, a lord, a chief. 7
4	丿	*P'eïh*, drawing to the left, a curve. 22
5	乙	*Yĕih*, curved, to mark with a crooked line. 21
6	亅	*K'euě*, a barb, to draw as by a hook. 8

OF TWO STROKES.

7	二	*Urh*, two, second, repetition. 22
8	亠	*Tŏw*, an undefined character. 20
9	人 亻	*Jïn* a human being, a man. 741
10	儿	*Jïn*, man, (placed at the bottom). 34
11	入	*Jŭh*, passing in, to enter, entering. 12
12	八	*Pǎ*, back to back, to separate, eight. 18
13	冂	*Keúng*, distant boundary, desert. 29
14	冖	*Meïh*, to cover as with a napkin. 25
15	冫	*Ping*, water flowing, an icicle. 86
16	几	*Kĕ*, a stand, a niche, a seat. 16
17	凵	*Kán*, a hollow receiver, a cavern. 15
18	刀 刂	*Tăou*, a knife, a sword, to cut. 326
19	力	*Lĕih*, sinews, strength, to use force. 132
20	勹	*Păou*, to fold up, to envelope. 51
21	匕	*Pĕ*, a spoon, to arrange spoons. 13

22	匚	*Fāng*, n square receiving vessel. 57
23	匸	*Hĕ*, a place to conceal and a cover. 13
24	十	*Shĕih*, ten, perfect, superlative. 31
25	卜	*Pŭh*, to divine by the lines on a tortoise. 19
26	卩 巴	*Tsĕ*, ancient seal, a joint. 35
27	厂	*Hàn*, an overhanging hill, a shelter. 96
28	厶	*Szĕ*, perverse, a seducer, base. 17
29	又	*Yĕw*, the right hand, more, farther. 60

OF THREE STROKES.

30	口	*K'ŏw*, the mouth, an opening 989
31	囗	*Kwúy*, an enclosure, a boundary. 92
32	土	*T'oó*, the ground, one of the five elements. 480
33	士	*Szĕ*, a scholar, a moral philosopher. 18
34	夂	*Chĕ*, to follow. 7
35	夊	*Sūy*, to walk slowly. 19
36	夕	*Seïh*, the setting moon, the evening. 29
37	大	*Tà*, large, great, to enlarge, much. 110
38	女	*Neú*, female of the human species, a daughter. 834
39	子	*Tszĕ*, a child, a son, term of respect. 67
40	宀	*Meēn*, a covering, the roof of a house. 199
41	寸	*T'iùn*, tenth of a Chinese foot. 32
42	小	*Seǒou*, little, petty, contracted. 31

---

① 原文在该表标题下方及全文最后分别有相关注释，综合其意为：定义后的数字表示每一部首下的汉字数量，数据来自雷慕沙的语法书，而雷慕沙的依据是《字汇》，是一本包含 3000 汉字的本十字典。《字汇》为明代梅膺祚（1558—1634）所创作，对后世的字典编排影响深远。—— 译注

43 尢 尤 兀 冘 *Wāng,* lame. 57

44 尸 *Shé,* lying as dead, a corpse. 119

45 屮 *Chě,* a plant taking root, a sprout. 17

46 山 *Shān,* a hill, mountain, a wild. 574

47 巛 く 巜 川 *Chuēn,* rivulets. 22

48 工 *Kūng,* art, a workman, workmanship. 11

49 己 *Kě,* self, selfish, private. 19

50 巾 *Kīn,* a napkin, bonnet, cap. 248

51 干 *Kān,* to oppose, a shield. 15

52 幺 *Yāou,* slender, small, young. 15

53 广 *Yěn,* the covering of a piazza, a shed. 226

54 廴 *Yín,* continued walking. 10

55 廾 *Kūng,* the two hands united. 33

56 弋 *Yěīk,* to cast a dart, an arrowhead. 14

57 弓 *Kūng,* a bow to shoot with. 142

58 彑 彐 彑 *Kě,* a hog's head, a genus. 17

59 彡 *Sān,* feathers of birds, long hair. 40

60 彳 *Chěīk,* a short step, to walk. 177

OF FOUR STROKES.

61 心 忄 忄 *Sīn,* human heart. 972

62 戈 *Kō,* a spear, military weapons. 87

63 戶 *Hoò,* one leaved door, to stop. 38

64 手 扌 *Shoù,* the hand, the forearm. 1030

65 支 *Chě,* branches, to diverge. 21

66 攴 攵 *Pǔh,* a slight striking, to touch. 242

67 文 *Wăn,* to draw lines, literature. 19

68 斗 *Tów,* a measure of capacity, used for grain. 27

69 斤 *Kīn,* a weight of 1¼lb. avoirdupois, a catty. 45

70 方 *Fāng,* two boats joined, square, place. 68

71 无 旡 *Woó,* destitute of, not. 9

72 日 *Jěíh,* the sun, the day, a day. 386

73 曰 *Yuě,* to speak, to say, to call. 23

74 月 *Yuě,* the moon, a lunar month. 59

75 木 *Mǔh,* a tree, wood, one of the five elements. 1242

76 欠 *Keèn,* dispirited, to be in debt. 193

77 止 *Chě,* to desist, to be still, to impede. 49

78 歹 歺 *Taě,* perverse, bad, vicious. 190

79 殳 *Shoǒ,* the handle of a spear, to kill. 58

80 毋 *Woǒ,* not, a prohibitory particle. 10

81 比 *Pě,* to compare, classify, contiguous. 14

82 毛 *Māou,* the hair of the body, of brutes, &c. 156

83 氏 *Shé,* the surname of females. 7

84 气 *Kě,* vapor, air, breath, spirit. 9

85 水 氵 氺 *Shwúy,* water. 1354

86 火 灬 *Hó,* flame ascending, fire. 548

87 爪 爫 *Chǎou,* talons, claws, nails, to scratch. 23

88 父 *Foŏ,* head of a family, a father. 10

89 爻 *Heàou,* to blend, to imitate. 12

90 *Chwǎng*, a splinter, a kind of seat. 38

91 *P'eèn*, a fragment, petal of a flower. 75

92 *Yā*, a tooth, the lower teeth. 9

93 *Nēw*, horned cattle, a cow. 214

94 *K'euén*, a dog, canine species. 421

OF FIVE STROKES.

95 *Keuēn*, sky color, sombre, dark, deep. 6

96 *Yŭh*, gem, precious stones, precious. 420

97 *Kwā*, a melon, cucumber. 50

98 *Wá*, tiles, brick, burnt earthen vessels. 161

99 *Kān*, sweet, pleasant, delight. 19

100 *Sǎng*, to produce, live, life, unripe. 17

101 *Yŭng*, to use, use, useful. 10

102 *T'eēn*, cultivated ground, to cultivate. 151

103 *Seŭ, Shoŏ*, and *Pĕĭh*, the foot, a measure. 12

104 *Neĭh*, debility, sickness. 472

195 *Pŏ*, to drive aside with the feet. 12

106 *Pĭh*, white, pure, clear, freely. 88

107 *P'ĕ*, the skin, the bark, a wrapper. 76

108 *Mǐng*, vessels for eating and drinking. 104

109 *Mŭh*, the eye, direction, index of a book. 519

110 *Mōw*, a long barbed weapon. 48

111 *Shĕ*, an arrow, swift, true to the mark. 55

112 *Shĕĭh*, a stone, rocks, hard, firm. 540

113 *Kĕ*, a sign from heaven, to instruct. 180

114 *Jŏw*, the print of a beast's foot. 12

115 *Hŏ*, grain, growing corn, paddy. 355

116 *Heuĕ*, a cave, a den, a hole. 144

117 *Leĭh*, erect, to erect, to establish. 73

OF SIX STROKES.

118 *Chŭh*, a reed, bamboo. 675

119 *Mĕ*, grain cleansed from the husk, rice. 207

120 *Meĭh*, and *Szĕ*, silk, silk threads. 628

121 *Fŏw*, crockery, earthenware. 62

122 *Wǎng*, a net. 121

123 *Yǎng*, a goat or sheep, the antelope, &c. 108

124 *Yŭ*, the long feathers of the wing. 157

125 *Lǎou*, aged venerable, a term of respect. 14

126 *U'rh*, whiskers, and, but, yet. 17

127 *Lŭy*, a ploughshare, a plough-handle. 77

128 *U'rh*, the ear, the ear of a vase. 138

129 *Yŭh*, a style, pencil, or brush. 15

130 *Jŭh*, or *Jow*, flesh, fat. 578

131 *Chĭn*, a servant, a statesman. 12

132 *Tszĕ*, from, self, myself, himself, &c. 21

133 *Chĕ*, to arrive at, to, very. 17

134 *Kĕw*, a mortar, to pound grain. 40

135 *Shĕ*, the tongue, taste. 34

136 舛 *Chúen*, uncertainty, error, wandering. 8

137 舟 *Chów*, a boat, to transport, to carry. 166

138 艮 *Kàn*, a limit, opposition, fixed. 5

139 色 *Sih*, color of the countenance, quality. 20

140 艸 艹 *Tsáou*, herbage, plants. 1431

141 虍 *Hoó*, a tiger, variegated. 73

142 虫 *Hwúy*, and *C'húng*, insects, reptiles. 810

143 血 *Heuĕ*, blood, the blood of victims. 40

144 行 *Híng*, *Hăng*, to walk, to do, a column. 35

145 衣 *E˘*, upper garments, a cover. 473

146 襾 *Yà*, to overshadow, to invert. 20

OF SEVEN STROKES.

147 見 *Keèn*, to see, to notice, to appear. 135

148 角 *Keŏ*, a horn, a sharp corner. 137

149 言 *Yén*, words, discourse, to speak. 750

150 谷 *Kŭh*, a valley, an aqueduct. 48

151 豆 *Tòw*, leguminous plants. 49

152 豕 *Ch'é*, or *Shé*, a pig, a hog, swine. 121

153 豸 *Chĕ*, reptiles, animals destitute of feet. 114

154 貝 *Peì*, a shell, a pearl, precious. 218

155 赤 *Cheìh*, naked body, red, totally. 29

156 走 *Tsów*, to go swiftly, to run. 243

157 足 疋 *Tsŭh*, the human foot, full. 507

158 身 *Shin*, the body, trunk of a tree, one's own person. 67

159 車 *Chāy*, and *Keŭ*, a wheel carriage. 342

160 辛 *Sin*, distressing, bitter, pungent. 32

161 辰 *Shin*, to excite motion, time from 7 to 9 A.M. 14

162 辵 辶 *Ch'ŏ*, going on swiftly. 327

163 邑 阝 *Yeih*, a city, an enclosure. 345

164 酉 *Yéw*, new wine, time from 5 to 7 o'clock P. M. 251

165 采 *Peèn*, to separate, distinguish. 10

166 里 *Lé*, a Chinese mile. 7

OF EIGHT STROKES.

167 金 *Kin*, metal, gold, one of the elements. 723

168 長 *Ch'áng*, long, aged, remote. 49

169 門 *Mŭn*, a door, an entrance, a class. 213

170 阜 阝 *Fów*, a mound of earth, large. 282

171 隶 *Taè*, to reach to, until. 11

172 隹 *Chŭy*, birds with short tails. 205

173 雨 *Yú*, rain, to rain. 237

174 青 *Ts'ing*, azure, natural color. 17

175 非 *Feï*, wrong, vicious, false, not. 17

OF NINE STROKES.

176 面 *Meèn*, the human face, the surface, fronting. 64

177 革 *Kĭh*, untanned skin without the hair. 290

178 韋 *Weì*, dressed leather, thongs. 94

179 韭 *Kéw*, leeks. 16

180 音 *Yin*, sound, news, musical tone. 34

181 頁 *Heě*, human head, a page of a book, 324

182 風 *Fŭng*, the wind, air, manner, temper. 161

183 飛 *Fē*, or *Feī*, to fly as a bird, 10

184 食 *Sheìh*, or *Cheìh*, tó eat, to drink, to feed. 345

185 首 *Shów*, the head, first, to go foremost, 17

186 香 *Heăng*, fragrance, incense, 82

OF TEN STROKES.

187 馬 *Má*, a horse, anger, rage. 412

188 骨 *Kŭh*, or *Kwŭk*, bones. 164

189 高 *Kāou*, high, loud, eminent, noble. 27

190 髟 *Peáou*, long disheveled hair. 226

191 鬥 *Tòw*, single combat, to fight. 20

192 鬯 *Ch'ăng*, fragrant wine for sacrifice. 7

193 鬲 *Kìh*, a tripod, an earthen vase. 55

194 鬼 *Kwei*, ghost, demons, devil. 121

OF ELEVEN STROKES.

195 魚 *Yŭ*, fish of any kind. 498

196 鳥 *Neáou*, a bird, the feathered tribe. 622

197 鹵 *Loó*, unrefined salt. 39

198 鹿 *Lŭh*, a deer, a stag. 85

199 麥 *Mìh*, bearded grain, wheat, &c, 117

200 麻 *Mā*, hemp, flax. 30

OF TWELVE STROKES.

201 黃 *Hwăng*, color of clay, yellow. 35

202 黍 *Shoó*, species of millet. 44

204 黑 *Hĭh*, black, dark, obscure. 146

205 黹 *Ché*, embroidered work. 9

OF THIRTEEN STROKES.

205 黽 *Mă'ng*, *Mŭ'n*, and *Meĕn*, frogs, toads. 35

206 鼎 *T'íng*, a tripod, steady, firm. 13

207 鼓 *Koó*, a drum, to beat the drum. 41

208 鼠 *Shoó*, the mus. genus, rats, mice. &c. 82

OF FOURTEEN STROKES.

209 鼻 *Pĕ*, the nose, the origin of. 47

210 齊 *T''sĕ*, even, to smooth. 16

OF FIFTEEN STROKES.

211 齒 *Ch'ĕ*, upper foreteeth, age. 148

OF SIXTEEN STROKES.

212 龍 *Lŭng*, the dragon, the lacerta genus. 19

213 龜 *Kwei*, the tortoise. 21

OF SEVENTEEN STROKES.

214 龠 *Yŏ*, musical instrument made of reeds. 17

在最好的字典中，部首都是按照书写笔画数进行排列的。为了查阅方便，这种方法也用于合体字的排列，归在每一部首下的所有汉字，根据除部首外的笔画数进行排列。因此要查阅汉语字典，还需了解汉字的写法。据说有人认为所有的笔画包含在下列"永"字中。

有人认为还需加上一两笔。但这已足以展示汉字的写法。横要写在竖之前；中间的笔画要写在两边的笔画之前；左边的笔画要写在右边的笔画之前；一个笔画通常写一条线，有时是两条线，正如上面这个"永"字的左方的笔画就是两条线。"永"字共由六笔组成，其书写顺序如下。

下图所示为中国人握笔的方式。

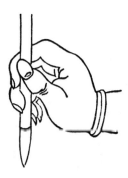

第三章　汉语口语 [1]

在本卷第一期 [2] 中，我们以大篇幅论述了汉语，尤其是通用于中华帝国及其他使用汉语国家的汉语书面语。在讨论此问题时，我们数次谈及汉语书面语交际及口语交际之间的显著差异，这种差异仅限于汉语及其同源语，源自口语的单音节性，以及书面语中表意符号与较为完善的表音符号的结合。鉴于此，需要在口语中用到比书面语中更多的词汇；因为单音节音的数量非常有限，所以尽管书面形式相异，许多不同事物在口语中却得用音和调都相同的字来表示。为了克服这一难题，口语需要完全采用多音节词，但汉语缺少拼音，是一个障碍；因为在书面语中，一个汉字足以表达一个概念；而在口语中，则需要用两个同义的单音节字来表示同一概念。因此，读过书的人看到字符"理"本身便足以在脑中出现"道理"这一含义；但如果要用口语向他人表达同一含义，除非是在一种常见的不会引起误会的语境下，否则必须说出"道理"才能让对方明白；

---

① 　译自 1835 年 2 月《中国丛报》第 3 卷第 10 期第 5 篇，作者马儒翰。原文标题为：汉语口语；口语与书面语的显著差异；二者之间的密切程度；不同方言的起源；几种方言的普遍特征。在此需要提醒读者注意，本章所谈及的汉语口语发音主要指古代汉语的发音，现代汉语经过发展已与当时的发音有差异。——译注

② 　即本书第一章。——译注

"道""理"二字有一共同含义，合在一起就可表示说话者的意思。因此，单独一个"理"的发音会产生歧义，因同音字甚多，而词组"道理"则含义明确，因为该组合音总是表达同一个含义。这一点也可用字母语言中偶尔出现的情况进一步阐明，但程度要低得多。写下单词"heir"，无须补充说明，便知其含义为财产或头衔的继承者。但是如果要口头表达这一概念，为免他人误会，则需添加说明，表明所指的并非周围的空气①。这是两个英语同音词的例子，但在汉语中有许多 10 或 20 个同音字的情况；如果不考虑声调变化，甚至有 150 多个同音字的情况。然而由于很多字极少用于口语，即使扣除三分之二的数量，仍留有不少同音字。考虑到这一点，如果可能的话，我们特别希望能将某种字母系统引入中国，并借此使汉语逐渐摆脱目前巴别塔式的语言混乱。

　　尽管我们注意到汉语书面语及口语之间存在很大差异，但汉语书面语其实深受口语的影响，随着为使发音更加悦耳的同义词的积累，书面语在很大程度上被口语同化。这使得两种语言，或者更确切地说是两种交流方式之间的关系变得密切。本卷第一期我们已谈了书面语，考虑到书面语和口语之间的密切关系，我们要借此机会继续详细描述目前所采用的拼音系统。这就导致要将两个不同的话题混合在一起，显然并不合理。毫无疑问，将书面语和口语看作两个完全独立的主题更为恰当，雷慕沙的杰作《汉文启蒙》(*Élémens de la Grammaire Chinoise*)

---

① 英文单词 air（空气）与 heir（继承者）发音相同。——译注

就是按此编排。但是为方便起见，需舍弃合理的编排。因此，我们详细介绍了汉语的语音系统，并用英语拼音法列表给出了通用汉语或官话中的所有单音节。在此要说明，我们为此所使用的拼音系统，并非最适合表示汉语发音的（尽管无意间有此效果），而是在现有条件下最方便使用的，是对宝贵的马礼逊《华英字典》中的拼音法进行了轻微的修改，为了获得统一性，这种做法是绝对必要的。该拼音系统绝非完美，特别是就元音而言，只需举例说明，如 a 的用法既如 may 中的 a，也如 papa 中的 a，而 e 的用法既如 met 中的 e，亦如 he 中的 e，还如 yet 中的 y，还有其他元音也有类似不一致的情况。

说了这么多关于书面语和口语之间的差异，接下来谈谈口语，尤其是各种不同的方言。在接下来的一期，我们打算继续探讨这一主题，提出一些有关改良拼音法的建议，此方法不仅适合欧洲任一国家现有的拼音法，也同样适合在所有西方汉学家中通用。

总体来说，汉语口语的大多数习语与所有西方语言截然不同，因而欧洲人需通过长时间的学习才能基本听懂汉语，或者说汉语时让他人听懂。此外，汉语口语中有很多发音非常特别，音调变化十分细微，因此汉语常被刻画为粗野、刺耳、难懂的语言，且极少得到在华外国人的注意也就不足为奇了。然而，随着越来越多人了解汉语，随着汉语学习越来越方便，随着创造出改善汉语结构和外形的条件，我们有望看到汉语以更加威严的姿态受到更多维的关注。

众所周知，不同省份甚至同一省份不同地区的方言之间存在着巨大差异，这使得说汉语能让人听懂的难度大大增加。中国从小小的领域开始，逐渐扩大其统治至广袤的疆域，在这样的国家这种情况是再正常不过的。拥有或向往官职的中上层人士所讲的通用汉语由此称为"官话"。各省的方言或土话被称作"土谈"；各省自称其方言为"白话"，即明白话，意思最清楚明白，易于理解。

中国人如今的语言似乎起源于西北部的今陕西省。它由谁提出，与通天塔语言混乱相隔多久，这些既是语言学问题，亦是历史问题，始终没能确定令人满意的答案。中国最初只是一个小国，在还未完全从神话或黑暗传统的蒙昧中解脱出来的时期，逐渐向东扩充领土，其语言也随之流传至北部和东部区域，即如今的河南省、山西省、直隶省及山东省。

此后，汉语继续向南部地区推进，这些地区通常已被其他族群所占据，他们已有的语言结构更为欠缺，更加刺耳和粗犷。汉语在这些地方逐渐获得了至高无上的地位，但也吸收了大部分当地语言，或多或少包含了它们的缺陷和不协和之音。由此，在福建和浙江一小部分地区，广东和广西的大部分地区，以及北圻、南圻，可能还有贵州山区，都产生了特色显著的方言。汉语传到日本、朝鲜及琉球，并与当地语言融合，只是程度更低。在日本，汉语发生了很大的改变，而在朝鲜，汉语与朝鲜语均衡融合，乃至在口语形式上，几乎失去了所有与其原本特征的明显相似之处。

在没有原始部落的地方，或原始部落不稳固的地方，汉语在更大程度上继续保持其原有特征，发生的主要变化仅是普遍存在的逐步完善，或是由于辽阔帝国几个分散的部分而导致的自然差异。革命、征战和分离在中国发生的频率并不比其他地方低。当然也不乏入侵，通过引入外来的用语和习语加深分离造成的影响。主要受到入侵影响的有江南（或江苏和安徽）、江西、浙江主要区域和湖广等地的方言。因此，江南长期作为中国的朝廷、高等学府的所在地，如今当地的语言被认为是最纯正的汉语。而孔子的故乡山东，也享有此殊荣。

近代因移民才有人群聚居的省份接受了汉语，且纯正性没有太大的减损。这些地方包括最近有移民的准噶尔地区，甘肃省和四川省部分地区，还有广东和广西的几个地区。我们对云南的了解甚少，不敢妄加评论。至于远离沿海的其他省份，我们也只得小心谨慎地发表言论。这种情况还得持续下去，不仅这个主题，在华罗马天主教传教士略有触及的许多其他主题亦是如此，直到中华帝国的大门被打开并允许其国人和外国人自由交流为止。

通用汉语（常被不恰当地称作"官话"）的特征在各地有些许差别，因使用人群或活泼或冷静的性格而不同。即使在此我们仅被允许与其他省份的上层人士保持一些微不足道的交往，我们也能确认这一点；但在对中华帝国各地有更为密切的了解之前，我们尚不能贸然细说这个问题。然而，通用汉语的主要特征在各地是一致的。其中最为显著的特征便是除鼻音外没有任何辅音韵母，以及词尾频繁出现短元音。在福建方言中，这些短元音通常会由于添加 k、p、t 三个哑辅音中的一个而产生变化，在广州方言中亦常如此；而在北方省份，这些短元音通常被拉长成相应的长元音。在本质上，汉语必然缺乏圆润的发音和多音节语言的语感；但与此同时，我们不能认为它结构粗糙，更不能认为它刺耳或不和谐。也不能把它当作一种特殊的鼻音语言，尽管对于欧洲人而言确是如此，因为 ng 常见于声母，而他们几乎发不出这个位置的音。通用汉语的一大特征是，其辅音几乎只用呼吸，而不需用到发声器官。从中国人普遍的性格和习惯来看，汉语富于礼貌、礼节和奉承，但同时也缺乏充满温柔和爱意的表达方式。

北方的方言采用了许多汉语少有的喉音，且送气音被弱化或改变。短元音变长，以此消除中部省份方言中的生硬感和急促感。在那些特征强烈的方言中，广州及其周边地区的方言与通用汉语最为接近；但广州方言一般没有通用汉语中的辅音后的流音 y；它喉音更多，在其他方面比通用汉语更为粗犷及不协和。广东人的性格及天生的嗓音，让他们总是一副生气的样子，即便寻常对话也是如此。福建方言是中国所有方言中最为独特的，它延伸到广东省东部地区，发生了少许变化。福建方言鼻音甚重，非常粗犷。但它有大量辅音 b，在其他所有方言中都无此情况。但在福建省北部地区，辅音 b 变成了 p 或 m，和通用汉语一样。然而福建方言最为突出之处在于书面阅读和口头表达之间的差异。由此，福建省的名称之一"闽"在阅读时念作 Bin，但在口语中却念作 Ban。这样的双重语言为语言学家提供了一个奇妙的探索主题。南圻也有同样的情况，其语言与福建方言在其他很多方面也大体相似，却有一个显著的差异，即缺少鼻音很重的字。在中国，v 的发音几乎不为人知，但在南圻和北圻却是常见。

　　日本人所说的汉语发生了很大变化，但我们对此还不够了解，无法详细讲述。它所发生的主要变化可能是由于采用了字母表。鼻音 ng 似乎完全消失了，鼻音 n 和 m 也不常出现。辅音结尾的情况很常见。最后谈谈朝鲜的语言，它有另一个奇特的反常之处。在朝鲜，汉语并没有大的变化，与朝鲜本土语言几乎地位平等。例如"坐"在汉语中用 tso 表达，而在朝鲜语中则用 indjil cho 表示。indjil 是本土原有的词，而 cho 是基于汉语的轻微变化。以上仅为一些简短而零散的论述，我们必须把这个有趣的主题留给语言学家进一步研究。

第四章　汉字拼音法

第一节　汉字拼音系统 [1]

在此前探讨中国书面语时，我们已给读者讲解过汉字的最常见发音，即官话或通用汉语的发音。为此，我们使用了马礼逊博士在其字典中所采用的拼音法，仅有一两处前后不一致的地方除外。我们之所以这样做，并非认为该方法在各方面都是最好的，而是因为我们认为在能够采用一个屡试不爽、经得起实践检验的方法之前，不应当偏离已对每个学习汉语之人具有重大价值的作品所采用的方法，此方法因其如此大的价值已得到普遍使用。

但在马礼逊博士所采用的拼音法中，除上文已提及的几处，仍有其他前后不一致之处，除非对整套方法进行修订和更改，否则这些地方不宜加以修正。在少数情况下，这套方法在基本合适时也会稍加修改以表示某些省份的汉语方言发音；因此，马礼逊博士也在《广东省土话字汇》(*Vocabulary of the Canton*

---

[1]　译自 1836 年 5 月《中国丛报》第 5 卷第 1 期第 3 篇，作者马儒翰。原文标题为：汉字拼音系统；马礼逊字典的缺陷；精确注音时英语元音的不适性及意大利语元音的合适性；意大利罗马字母表稍作修改后在汉语中的应用。
　　——译注

Dialect）中对自己的方法进行了一定程度的改动。然而遗憾的是，由于没有对整套方法进行修正，这些改动产生了更多的不规则之处。考虑到这些因素，如有可能，最好能采用更适合在所有汉语方言中统一使用的拼音法。接下来我们希望表明实现这一点并非不可能，相反这是轻而易举、非常简单的事。我们目前讨论这一问题，是在很大程度上受到了印度的影响，印度正努力在英国的东方领地及毗邻国家普及一套统一的拼音法，该方法能够清楚明确地表示梵语、波斯语、阿拉伯语及它们的同源语中单词的发音。

　　采用拼音法时，一个常见的错误就是力图使用让读者一目了然的方式来表示发音，这种方法固然是好的，但在几个方面是行不通的。这种方法并没有为新的发音做准备，这些新的发音对使用此拼音法的语言来说是陌生的，只能很有缺陷地表示出来。由于没有考虑发音的因素，或者说没有考虑到口语，每个正音学者会采用不同方式来表示发音。这样显然不切实际，因而不需要再做任何解释。对于英语元音来说更是如此，英语元音的各种发音规则都是完全不同的，以致英语中可能每个元音都能用几种不同的方式表达。威廉·琼斯爵士（Sir William Jones）^①给出了这样的例子，a mother bird flutters over her young（一只雌鸟在其雏鸟上方盘旋），同样的发音用六种不同的方式表达，即 a、e、i、o、u 和 ou，还可加上 heard 中 ea 的音。这是一个极端的例子，但如果有必要的话，这可轻易表明在英语

---

① 威廉·琼斯爵士（Sir William Jones，1746—1794），英国东方学家、语言学家、翻译家等。——译注

拼音法里，每个元音都能用两种或三种不同方式来表达。

　　既然采用一套能让初学者看一眼就知道一门外语所有正确发音的拼音法是不切实际的，而按照英语字母最常见的发音来设计一套简单而明确的拼音法也是不可能的，那么为何不求助于欧洲大陆所使用的既减少困窘又更易理解的方法，而是受限于被认为是能够找到的拼音法中最糟糕的一种呢？英语拼音法的一大特点是具有书面语的两个最大缺陷，即用同样的字母表示几个不同的发音，以及用不同的字母表示同一个发音。我们在英语中没能找到的精确的元音，却在意大利语中找到了；而除了少数例外情况，大部分欧洲国家的辅音几乎都相同。因此，威廉·琼斯爵士、许多印度文人以及来自南海诸岛、美洲印第安纳和其他地方的传教士等人，将意大利语作为世界各地所采用的几套最受认可的拼音法的基础，有几个发音独特的辅音除外。这几套拼音法几乎没什么不同；在元音上，它与西班牙语和葡萄牙语基本相同，与德语及荷兰语的拼音法差别甚微，因此这套方法对欧洲大陆大部分地区的人来说都很好理解。印度的文人绅士已经证明此方法适合以清晰易懂的方式表达梵语、波斯语和阿拉伯语的大部分发音；在印度已有几种语言的整部作品都按照这种拼音法写成罗马字母出版。那么这套方法（在东方通常被称为琼斯系统）同样适合向欧洲读者展示汉语发音吗？如果合适的话，通过将中国的拼音法与印度及印度支那国家的进行同化，将获得很大的简便性优势。经过仔细考察，我们认为此拼音法十分合适，是可用于表示汉字发音的最好方法。因此，下文将说明如何运用此方法，说明赋予每个元音、双元音及辅音的固定发音，而不考虑那些在每种语言中都常见的细微变化，试图区分这些变化纯属徒劳。

然而，由于在罗马字母表中，元音字母的数量要少于元音发音的数量，我们不得不偶尔使用变音符号；首先应指出我们使用这些符号的方式。一般来说，短元音上没有任何标记，而此元音或相近元音的更加饱满的发音，则用重音符（ˊ）来区分；因此 quota 中的 a 是短音，而 calm 中的 a 是长音。

'，垂直符号。长元音和短元音的发音通常都会突然终止，要么立即停止发出任何声音，要么突然阻止声音的发出，因此产生 k、p、t 三个清塞音。为了标明这一变化，我们使用一个小的垂直符号（'），标在如此发音的元音或双元音之上或之后。

ˊˋ，重音符和沉音符。同一字母有时被用于两个不同的长音，在此情况下，我们在其中一个音上标出重音符（ˊ），另一个音上标出沉音符（ˋ）；因此我们得出 e 的两个长音，写作 é 和 è，第一个发音为 neigh 中的 ei，第二个为 ne'er 中的 e'e。

¨，分音符。为了区分常被称为"法语 u"的元音 u，我们使用分音符；因此 lün 的发音类似法语的 l'une。

'，撇号。我们用撇号或省略符号（'）来标记一些特殊发音，这些音似乎是在没有元音介入时试图发出辅音而发出的。有此情况的音节有三个，即 'm、'ng 和 sz'。'm 的发音只需闭上嘴唇，让声音传入鼻腔，然后发出鼻音 m，而不需事先发出任何元音。'ng 的发音也是让声音传入鼻腔，但要将舌头顶住上颚后部；此发音与小孩生闷气时抱怨的声音几乎一样；sz' 的发音是尽力将 s 的"嘶"声变为 z 的"嗞"声，从 s 的"嘶"声滑到更偏喉音的 z。撇号也被用作元音前的省略符号，表示省略了鼻音 ng 或者省略了 w 或 y。大多数元音前的鼻音都会省去，w 只在 u 和 ú 前才省略，而 y 只在 i、í 和 ü 前省略。

‛，希腊人用送气符来表示介于辅音与元音，或辅音与半元音之间的送气音。这个符号不用于任何单词之前，而只用于辅音 ch、k、p、t 和 ts 之后。单词前的送气音用 h 表示。

°，在福建方言里，元音的强鼻音发音很常见，并不完全等同于鼻音前缀或后缀，只是仿佛通过鼻腔发出元音，而声音不经过口腔。为了表示这种发音，麦都思先生提出用上标的 n 置于元音前，或上标的 ng 置于元音后。但是由于变音符号使用更方便，外观也更简洁，我们采用符号（°），类似印度语言中的 ang 或 anus-wára，尽管 ang 似乎是用来表示更明显的鼻音发音。

现在我们要把注意力放到汉语元音上来。在解释这些元音时，我们不会试图指出它们在发音上常显出的细微差别，而是经过仔细研究汉语韵书中元音的编排，并密切关注真人发音，从而给出它们看似最准确的发音。像英语单词一样，不同的发音通过以下方式表示，即同一个音的长音和短音仅被视为一个元音。

短：quota .. — .. men .. — .. habbit .. — .. — .. put .. — .. — ；

长：— .. calm .. ne'er .. neigh .. police .. lord .. cold .. rude .. l'une .. allure。

如果这样排列是正确的，那么汉语中就有 10 个元音，我们将进行详细的解释或界定。

a，在英语中表示十分常见的发音，有七八种不同的表达方法，但最常见的还是表示 but 中短 u 的音。英语中用 a 表示的音从不标重音符，而在汉语中恰恰相反。因此，我们料到会有很多人反对用 a 来表示这个元音。我们自己也意识到了这个问题，但我们无法找到另一个在各方面都能更好表示此发音的字母。如果用 u 代替 a，u 本身就已表示三种发音，且这些发音不能用其他任何一个字母来表示；shun 中的 u 也不能表示 a 真正的发音，只要仔细观察单词 American 最后一个明显的重音节的发音就会知道这点。a 这个元音有时基本就像快速发出单词 calm 中 a 的音一样。

á，带重音符，始终发长音，正如 balm、calm 和 father 中 a 的发音，有时接近 want 中 a 的音。

e，基本与 whet、yet、men 中的 e 发音相同，此发音在汉语中并不常见。

è，带沉音符，类似 ne'er 中的 e'e，或者 share 中的 a。它的发音经常被拉长到几乎与 ant 中的 a 一样，有时候甚至完全变成了这个音。有人建议，发音如此拉长时，可在其前面添加一个 men 中的短 e 音；但我们对此表示怀疑。

é，带重音符，始终发 neigh 中 ei 的音或 lay 中 ay 的音。

i，始终发 pin、pit 中 i 的音，绝不发 pine 中 i 的音。

í，带重音符，与 machine、police 中的延长音一样，或是 feel 中的 ee。

o，发音为 lord 中的 o，或 ball 中的 a，又或 awful 中的 aw；在我们目前所了解的汉语方言里还未出现 lock、lot 中的短元音 o。

ó，带重音符，发音如 note 中的 o，有时发音稍微拉长，如

roll、cold 中的 o，甚至会像 foot 中的 oo。

u，发音如 pull、push 中的 u，绝不发 pure 或 flush 中 u 的音。

ú，带重音符，发音如 rude、rule 中的 u，或 rood、fool 中的 oo。

ù，带沉音符，发音如 illumine、allure 中的 u，介于 rule 的 u 与法语 u 之间。

ü，发音如法语 l'une、user 等词中的 u。

汉语中还存在下列双元音，由以上元音构成。

ai，发音如 aisle 中的 ai，或是 white、line 中的英文字母 i。

ái，发音正如 aye。

au，发音基本如 how 中的 ow，或 our 中的 ou，但发音更弱一些。

áu，与 au 相似，但发音更重，由 calm 中的 á 与 put 中的 u 或 rule 中的 ú 组合而成。它的发音比英语中任何类似的音都要重，但最接近 howl 中的 ow。

ei，发音基本如 bey、dey 中的 ey，由短元音 e 和 i 组合而成，与 weight 中的 ei 基本相同，只是 ei 的发音要比平时更重。它常与 machine 中的长音 *i* 相混淆。

éu，是个特殊的汉语发音，由长音 é 或 ay 与 put 中的短音 u 组合而成，有时也像是长音 é 与 quota 中的短音 a 组合而成，重音在长音 é 上。这个发音很难准确掌握。

íu，发音与英语单词 few、pew 中的 ew 区别不大；但在汉语里，重音通常在 í 而非 u，且 u 的发音与 allure 中的 u 基本相同。

oi，发音基本如与法语单词 gôitre 中的 ôi，其中 o 的发音如 note 或 lord 中的 o，而 i 的发音如 pin 中的 i，两个音都发得清晰。

óu，是 roll 中 o 的延长音，似乎再加上 put 中的短音 u；此元音与延长音 o 的区别尚难确定。

ui，由 put 中的短音 u 或是法语 u 加上近乎 fluid 中的短音 i 或法语单词 pluie 中的 i 组合而成。

úi，与 ui 相似，短音 u 变成了长音 ú 或 fool 中的 oo。

ue，由 put 中的短音 u 与 men 中的短音 e 组成，其发音似乎与 quota 中的短音 a 的延长音相似。

ua，由 put 中的短音 u 加上 quota 中的短音 a 组成，其发音比 ue 更重；但是这两个音在一些音节中很容易混淆。

还有一些其他元音组合，只需简单列举即可，它们的发音从组合字母中便显而易见，例如 pin 中的短音 i，位于另一元音或双元音之前，则有 ia、iái、iáu、ie、iè、io、iu 和 iue。

至此我们已清晰而准确地表示了汉语中所有元音及双元音的发音，现在来看辅音，首先是能用单个罗马字母表示的辅音。

b，如 bunn、bard 中的 b，中国大部分地区都没有这个音，但在福建方言里常用于声母，可与鼻音 m 互换。但在福建省北部，这个音变为了 p 或 m。

f，如 far、fast 中的 f，汉语中很常见。在方言中，f 经常变成送气音，或者送气音变为 f。

g，硬音，如 give、get 中的 g，仅在一些方言中出现。当它作为首字母出现在欧洲通用语字典中时，鼻音 ng 可取代之，或是一个表示省略 ng 的撇号。广州方言也大致如此。

h，作为送气音在汉语中十分常见，比英语中的送气音更强。在南方的方言里，h 常变为 f，而在北方则变为 s 或 sh。为了标记辅音后的送气音，我们用希腊语的送气符来表示，而不用 h。

j，如 jest 中的 j，或 gentle 里的 g，可能仅在一些方言中出现。准确来说，这并非一个单辅音，而是由 d 与法语中的 j 或 zh 组合而成的。

j′，如法语 jamais 中的 j，或 pleasure 中的 s，汉语中的此音倾向于变为流音 y 和 ny，像德语和荷兰语里那样。我们在此字母后加上符号，用来区别于 jest 中的 j。jest 的 j 是个复合音，其实更应该加上符号，但不带符号的形式已在印度及印度支那语言中广泛使用了。用两个字母 zh 来表示 j′ 这个单音的做法肯定要避免，这样似乎特别引人反对。

k，如 kite 中的 k，或 card 中的 c，汉语中很常用，不仅用作声母，也在方言中用作韵母。作为声母，常与强送气音 h 混淆。其后有时会接送气音，发音如复合词 pack-house 中的 k'h。当它按此发成强送气音时，在北方的发音中常变为 ch。

l，如 lame 中的 l，是常见音；常与 n 混淆。

m，发音如 maim 中的 m，常被用作声母，但仅在方言中用作韵母，常代替韵母 n，也可代替声母 w。在福建和广州的方言中，这个音有时作为一个单词单独出现，不附带任何明显的元音。

n，正如 nun 中的 n，是汉语中常见的声母和韵母。

p，如 pippin 中的 p，也是汉语常见的发音。在一些音节中常与 f 混淆。它有时发音如复合词 hap-hazard 中的 p'h，后接送气音。此时在其后接希腊语的送气符来表示，如 p'an，因为缺少符号，我们不得不用倒转的逗号来表示。

r，作为颤音对中国人来说是陌生的；但它在汉语中出现时没有伴随颤动，而是前接一个模糊的元音，或是 quota 中的 a。这个音被人写作 urk 或 eulh；eulh 明显是错误的，我们已提到，所要表示的这个发音不需舌头颤动，框出嘴形便能发出。我们从未听到这个音变为 l；但在方言中却完全改变了，发音与 machine 中的长音 í 相同。

s，如 sit 中的 s，仅用作声母。常与 sh 混淆，有些地区的人完全发不出 sh 这个音。这里的 s 不会像在英语中那样变成 z 的音，但会和 z 组合在一起，不加任何元音，形成一个只能在真人说话中听到的特殊发音。

t，如 title 中的 t，常用作声母，在方言中也常用作韵母。有时后接送气音，发音如 ant-hill 中的 t'h，后接希腊语的送气音写作 t'an。

v，如 revive 中的 v，通用汉语中不存在此音，但在某些方言中可代替 w。

w，如 want 中的 w，是个常见音，发音正如英语单词 wen 中的 w，如果前接 h，发音正如 when 中的 wh。

y，如 yet 中的 y，也是个常见音，发音正如 yet、yard 等其他类似英语单词中的 y。

z，如 zone 里的 z，只跟 s 搭配使用。详见 s，或下文的 sz。

汉语中出现的复合辅音仅有 ch，hw，ng，ny，sh，sz，ts 和 tsz。其中，ng 和 sh 虽然是由两个罗马字母组成的，但仍是不可分割的发音。

ch，用作声母，发音正如 church 中的 ch，或是法语中的 lch。有时后接送气音，发音如 church-hill 中的 ch'h，为避免重复 h，我们在 ch 后用希腊语的送气音，写作 ch'an。送气音 k，尤其在北方发音中，经常变为 ch。

hw，正如英语单词 when 中的 wh。

ng，如 singing 中的 ng，在汉语中既可为声母也可为韵母；作为声母时，欧洲人通常难以准确发音；但可将舌根顶住上颚，同时让声音通过鼻腔，便可轻松掌握发音。作为声母时通常完全省略，而用撇号或柔气符来代替。

ny，或西班牙语的流音 n，在汉语中也有此音，但仅有两三个单词如此发音。它常用来代替法语中的 j，但这是错误的。

sh，正如英语单词 ship 中的 sh，只用作声母；常与 s 互换使用，有时其后接 i 或 í 时，也与 h 互换使用。

sz，是个特殊发音，从嘶音 s 突然变为更偏喉音的 z；它仅在一个音节中出现，通常不与任何明显的元音一起发音，写作 sz'。

ts，发音如词组 wit's end，将 wit's 中的 t's 接上单词 end 的开头进行发音。有时后接送气音，发音如词组 Scott's house，将 Scott's 中的 ts 接上 house 的开头进行发音。

tsz，是将 ts 按照上述 sz 的方式置于 z 之前。

在这套拼音法中我们使用了变音符号，这就导致在标注不同音节的声调或声音高低变化的方式上有必要做出改变。我们之前已解释过这些声调在本质上是中国人用于区分不同词汇的，以免发音相似；在此情况下，我们遵循天主教传教士曾经采用的声调标注方式，以及此后马礼逊博士所采用的方式。或许还是使用与之前一样的标记，只是将声调标在单词之后，而不是标在元音之上。我们计划改日再探讨此问题。

为避免发生错误，我们详细界定了发音，这也是本文的宗旨。我们发表上述拼音方案，旨在邀请所有读者朋友和通讯员就此惠赐意见，有了不同意见的帮助，我们或能在年底前更加充分地考虑这个问题，并为在下一卷中介绍一套准确的拼音法做好准备。

下面将汇总展示我们所采用的字母和符号，以及它们所表示的发音。

变音符

' 突然终止，例如 chả。

⌐ 用于区分不同的长音；
⌐ 如 yé, yèn。

¨ 用于区分法语 ü。

° 鼻音符号；如 chw°a。+

元音

a，如 quota 的 a；例 tang, ta。

á，如 calm 的 a；例 yáng。

e，如 men 的 e；例 chek。*

è，如 ne'er 的 e'e；例 shèn, shè。

é，如 neigh 的 ei；例 ché, shé。

i，如 pin 的 i；例 ping, pi。

í，如 machine 的 i；例 pí。

o，如 lord 的 o；例 po, pong。*

ó，如 note 的 o；例 pó。

u，如 put 的 u；例 pu。

ú，如 rude 的 u；例 pú，

pung。

ù，如 allure 的 u；例 lùn。

ü，如法语 l'une 的 u；例 lü。

双元音

ai，如 aisle 的 ai；例 hai。*

ái，发音即 aye；例 hái。

au，如 our 的 ou；例 hau。

áu，如 howl 的 ow；例 háu。

ei，如 bey 的 ey；例 mei，

wei。

éu，如 lay 的 ay 加上 put 的

u；例 chéung。*

íu，如 pew 的 ew；例 chíu，

síu。

oi，如 gôitre 的 ôi；例 loi。

óu，o 的延长音。

ui，如 fluid 的 ui；例 lui。

úi，ui 的延长音；例 shúi。

ue，如 put 的 u 加上 men 的

e；例 yue。

ua，如 put 的 u 加上 quota 的

a；例 muan。

辅音

b，如 bard 的 b；例 ba, bé。+

f，如 fan 的 f；例 fán, fung。

g，如 give 的 g；例 gái,

gak。+

h，如 have 的 h；例 hang,

hung。

j，如 jest 的 j；未确定汉语

是否有此音。

j´，如法语 jamais 的 j；例

j´ang。

k，如 kite 的 k；例 kung,

kú。

l，如 lame 的 l；例 lang,

ling。

m，如 maim 的 m；例 man,

mung。

n，如 nun 的 n；例 nun,

nung。

p，如 pippin 的 p；例 pan,

pung。

r，如 after 的 r；例 ar。

s，如 sit 的 s；例 sin，sing。

t，如 title 的 t；例 ting，ti。

v，如 revive 的 v；省方言的 w。

w，如 want 的 w；例 wan，wán。

y，如 yet 的 y；例 ying，yèn。

z，如 zone 的 z；无此音。

复合辅音

ch，如 church 的 ch；例 ching。

hw，如 when 的 wh；例 hwang。

ng，如 singing 的 ng；例 ngáng。

ny，如 onion 的 ni；例 nyáng。

sh，如 ship 的 sh；例 shin，shing。

sz，特殊发音；例 sz'。

ts，如 wits' end；例 tsin，tsing。

tsz，特殊发音；例 tsz'。

*表示广州方言有而通用汉语没有的发音。

+表示福建方言的发音。

第二节　汉字拼音法评论 [①]

我们现在无法对通讯员的意见提出任何批评，他如此迅速、仔细、热情地探究了拟用拼音法的优点。我们特此请求其他人士，尤其是精通汉语之人，也能以同样的方式就此问题给予看法。

---

① 译自 1836 年 6 月《中国丛报》第 5 卷第 2 期第 4 篇，作者约翰·斯图尔特（John C. Stewart，牛卒年不详），英国来华医学传教士。原文标题为：关于 1836 年 5 月刊登的"汉字拼音法"的意见和建议，通讯员来稿。——译注

在第 69 页[①]，通讯员提到了"即将问世的作品"，如果这是因误读本刊上期内容所致，那么我们在此更正：据我们所知，目前尚未有此方面的新作即将问世。但我们知道已谈及新汉语字典的制作计划，相信已被纳入考虑。若该计划被采纳，最好能得到欧洲及现居于东方国家的汉学家们的帮助，以使其在艺术、科学、法律、政府、哲学、宗教等方面都尽可能完整。我们亟需这样的作品，完成它需要大量的时间和费用；我们希望此计划能得到适当的考虑。[②]

《中国丛报》上一期第三篇文章[③]，就极其有趣的汉语拼音法的主题，在文末邀请读者提出见解，以期引入尽可能准确的汉字拼音法。正如在印度语言中的所有相似情况，马礼逊博士所编字典中的拼音法似乎也需要进行改良，当某种语言中表示发音的任意符号首次应用于另一种语言时，改良便不可避免。如今正设想如何将欧洲人所熟悉的符号更谨慎地运用到汉语中，这是十分重要的，我们也非常希望能够基于普遍的规则，一劳永逸地纠正已产生的不完善用法，我确信将会以最大的谨慎进行这项工作。

因此，读者应该有兴趣知道，从最广泛的角度来说，这个问题如今已引起当代国内一些最有才能人士的特别关注；为了达到更加实用的目的，目前也正在对使用一套通用符号表达所

---

① 即原刊第 69 页。——译注
② 本段为编者按语。——译注
③ 指上一节（本章第一节）。——译注

有发音的过程中所遇到的困难进行研究，为了使它们比肤浅的观察者想象的更可靠，这种研究是非常必要的。我不敢说以下这些人的努力对汉语语言学家有多大用处，但在改良的拼音法最终确定前，至少应该关注可以找到新的重要发现的领域。伦敦的惠特斯通教授（Professor Wheatstone）正继续进行俄罗斯哲学家克拉岑施泰因（Krutzenstein）的研究，取得了显著成功；约翰·赫歇耳爵士（Sir John Herschel）在《大都会百科全书》（*Encyclopaedia Metroplitana*）中撰写了《论发音》（*Treatise on Sound*）一文，结尾部分隐晦地暗示获得一种全世界都能看懂的语言并非绝无希望，我认为这种想法正变得极有可能实现，至少在目前的情况下可以发挥用处。

意大利语比其他语言变化更少、缺陷更少，其拼音法是否因此适合采用，取决于进一步探究。为达目的，立即制定一套更完善的方法是否与借用和修改旧方法一样容易？以意大利语拼音法为基础建立新方法似乎已取得进展，因而这个问题如今也许是多余的。目前从意大利语重建的整套方法，经过修改和添加特定的变音符号，如果能够满足两大需求，一是在任何情况下其用法绝对固定，二是其方法足够全面与灵活，能包含语言的各种发音变化，且如果这两大目标可以通过改造旧拼音法而非构造新方法来实现，那么在其他方面就不会有太多不便。但我要说的是，在任何情况下都必须严格遵守由此形成的方法的每一部分，这与制定新方法相比更加必要，新方法中不太会出现因混淆其他含义而产生的错误。之所以提出此意见，是因为在上一期第三篇文章中并未看到强调必须保持方法始终如一，而我坚信在此情况下这是必需的。一旦指定了符号的含义，就应该从始至终保持不变，不应允许例外。如果出现一个新的发音，符号体系暂不全面，不足以精确而肯定地表达，那么这个体系就必须增加内容，为此设计一个新符号，但旧符号绝不能有任何改变，更不能挤进或强行摆到一个不适合它的地方。在熟悉的语言中，辨别声音的细微变化所需要的听力，可能要比为最困难的乐器调音所需要的听力更加精准，因为太熟悉这门语言，脑海中总是会自然地联想到发音。在此引用威廉·琼斯爵士的一个例句，我认为可以很好地说明听出元音细微变化的困难，"a mother bird flutters over her young（一只雌鸟在其雏鸟上方盘旋）"，这句话说明了同一元音有 6 种不同的表达方式，即 a、e、i、o、u、ou，还可加上 heard 中 ea 的音。我本以为该句中的元音 a 是琼斯爵士误用，或许是《中国丛报》的文章误用，或许是我弄错了；但在我看来，元音 a 的发音确实与之后几个音节基本一致的发音有很大不同。而我认为，仔细一听，后面几个发音也是显著不同的；差异如此明显，审慎的正音学者不会忽略，但不用心听的话却可能忽视；例如，元音 e、i 与双元音 ou 的发音音长就是不同的，双元音 ou 比元音 o、u 的发音都要长很多；如果进一步探究发现双元音的音长更长是这些元音的普遍特征，那么显然它们需要不同于短元音的符号。除音长外，至少还有三个不同的发音层次，从 mother 中 o 的发音，到 flutter 中 u 的发音。以下摘自前文提到的《论发音》的内容或许很有趣，是关于发音的这些细微差别，尤其是英语中发音的细微差别。

　　我们有 6 个称为元音的字母，每个都代表一种截然不同的发音，虽然每个元音的功能与其他元音都有重合，但许多单元音都是由两个或三个字母的组合来表示。另一方面，一些单元音字母却表示真正的双元音（如 alike 中的长音 i，rebuke 中的长音 u），是由两个不同的单元音快速连续发音而成，而许多我们称为双元音的都是单元音，如 bleak、thief、land 等。这就使得列举英语中确实存在的基本发音并非无关紧要。因此我们在下列概要表中汇集了足够的例子来表明英语发音的性质，同时偶尔举出其他语言中对应的发音例子。对于有两个或更多音节的单词，其中用于发音举例的音节以斜体表示。

元音

1. ⎰ ⁻Rood; *Jul*ius; Rude; Poor; Womb; Wound; *Ou*vrir（法语）。
   ⎱ ˘Good; *Cush*ion; *Cuck*oo; Rund（德语）; *Gus*to（意大利语）。

2. Spurt; As*sert*; Dirt; *Vir*tue; Dove; *Dou*ble; Blood。

3. Hole; Toad。

4. ⎰ ⁻All; Caught; *Or*gan; Sought; Broth; Broad。
   ⎱ ˘Hot; *Com*ical; *Kom*men（德语）。

5. Hard; *Bra*ten（德语）; *Char*latan（法语）。

6. Laugh; Task。

7. Lamb; Fan; That。

8. Hang；Bang；Twang。

9. Hare；Hair；Heir；Were；Bear；Hi*er*（法语）；*Leh*ren（德语）。

10. Lame；Tame；Crane；Faint；*Lay*man；Même（法语）。

11. *Le*mon；Dead；Said；*A*ny；*E*very；Friend；*E*loigner（法语）。

12. *Liv*er；Diminish；Pers*e*vere；B*e*lieve。

13. Peep；L*ea*ve；Beli*e*ve；S*i*eben（德语）；Co*qui*lle（法语）。

14. s；*s*ibilus；*c*ipher：最后一个元音，第一个辅音。

真双元音

1. Life。上述第 5 个和第 13 个发音快速而含糊地发出，产生英语中 i 的发音，实际上是双元音。

2. Brow；Plough；*Lau*fen（德语）。第 5 个元音后快速接上第 1 个元音。

3. Oil；*Käu*en（德语）。第 4 个元音后接第 13 个元音。

4. Re*buke*；Yew；You。第 13 个元音后接第 1 个元音。

5. Yoke。第 13 个元音后接第 3 个元音。

6. *You*ng；*Yea*rn；*Hea*r；*Here*。第 13 个元音后较快接上第 2 个元音。

辅音也有混淆的情况。通常可分为三类：高辅音，低辅音，中辅音。前两者之间有种固定的关系或者彼此平行的关系，例如：

高辅音

S：sell, cell；σ（这里用此作为标记）：shame, sure schirm（德语）；θ：thing；F：fright, enough, phantom；K：king, coin, quiver；T：talk；P：papa。

低辅音

Z：zenith；casement；ζ：pleasure, jardin（法语）；Ð：单词 the, that, thou 中的 th；V：vile；G：good；D：duke；B：babe。

中辅音

L：lily；M：mamma；N：nanny；v：hang，再加上 gnu, Ætna, Dnieper 中的鼻音 N，但在英语中不是恰当的发音。R：rattle；H：hard。

复合辅音

C 或 Tσ：church, cicerone（意大利语）及其对应的低辅音 J 或 D ζ：jest, gender；X：extreme, Xerxes；ξ：exasperate, exalt, Xerxes 等。

这里有 13 个单元音和 21 个单辅音，共 34 个，这是书写英语要用到的最少的字符。但另一方面，如果再增加两三个元音和两三个辅音，生成共约 40 个字符，那么每种已知的语言都可能有效地变为文字，以保持文字与发音之间的准确对应；不仅对语言学家，而且对全人类来说都将是最有价值的收获之一，这将促进国家间的交往，为迈向世界通用语言的第一步奠定基础，这是人类应当共同努力达成的伟大愿望之一。

　　来自这样一位作者的见解是有价值的。通过比较以上概要表与《中国丛报》第 30 页的表格 [1]，请容我妄自提出一些建议；虽然文章作者显然已仔细考虑了这个问题，在完成其设计时不用依赖外援。然而我仍要冒昧地简单说明我对该问题的看法。

　　首先我建议，在即将问世的作品的开头，以清晰的方式正式阐述新的拼音法。应详细描述这套方法的一般原则；然后以表格形式展示结果。以一种永久的形式单独出版新拼音法，其优点是显而易见的。因其用途不仅限于这份作品，而是计划持久使用，并为以后的语言学家和一般作家在汉语问题上提供拼音法指导，使此方法成为简单且通用的参考是十分重要的。

　　为便于参考，我进一步建议将汉语拼音表的每个发音进行编号。赫歇耳的样表分别对元音、双元音及辅音进行了系列编号。但就当前目的而言，只用一套连续的编号，从第一个基本发音编到最后一个，显然更可取。

　　依我所见，《中国丛报》第 30 页的表格还可做些许改进；我应该不需要为提出建议再次表示歉意。我认为变音符号不应出现在表格中。它们只是会影响发音，而本身并不发音，因此（如果要使用的话）应在别处加以解释。就让"汉语拼音表"与所有附带问题严格区分开来，让它成为纯粹的结果。虽然这样一来，有的符号，比如变音符号（°），得重复用于两三个辅音，

---

[1]　即上一节（本章第一节）的拼音表，下同。——译注

从而需要为它们分别编号；但如果语言中确实有如此多不同的发音，那就没什么好抱怨的了。让汉语中每个发音都有独特的符号，才是最终的目标。不愿让每个发音都有单独的符号，且在发音后附加一个数字以便更好地标记，这样做减少了表面上的符号数量，但丝毫没有减轻学生的负担，而只是使指导方法更加复杂。

《中国丛报》第 30 页的表格中的头两个发音 —— 就给出的例子来判断，即 quota 和 calm —— 在我看来是一样的，只是长度不同。我认为拉丁语 penna 中 a 的发音与 quota 中 a 的发音是相同的；且依我的听力来看，与 calm 中 a 的发音也是一样的，只不过 calm 的 a 发音更快。如此一来，我便认为使用常见的音调符号（ˉ 和 ˇ）是最自然的，而不是目前所用的重音符和沉音符。

同样的话似乎也适合表格中字母 u 表示的前两个发音，第一个发音的例子是单词 put，第二个是 rude。若如我所想，rude 中 u 的发音与 good 中元音的发音完全相同，那么除了发音更长之外，我找不出任何与 put 中 u 的发音的不同，因此如果要在表格中单独列出或编号，我还是推荐把熟悉的标记（ˉ）作为合适的区分符号，而不是目前所用的重音符。

表格中下一个以 allure 为例的元音，在我看来是个非常明显的双元音。在上述赫歇耳的双元音表中可以找到，即第 4 个，赫歇耳将其分解为前表中第 13 和第 1 这两个元音。

我想冒昧提出的最后一个建议是，最终的新表应给出十分丰富的示例词，并取自尽可能多的语种。即使是同一国家受过教育的人在使用特定词汇时，也会发生无意识的发音变化，因此，除非以尽可能多的拼写方式展示大量实例，否则无法总是确切地知道要表示的真正发音。

附：自完成上文后，我进一步考虑了新双元音表，在此简单占用您的时间与版面，只表达我对表中是否应包含复合音 ui 的疑问。例如，单词 fluid 显然是双音节词，而不含双元音。对于复合音 ue 与 ua 我也持有相同看法。

第三节　汉语拼音法 ①

我们的通信者并未提供他的姓名，也未以任何方式透露其居住地；但他既提及福建方言我们便不必穿过马六甲海峡去寻他。无论他身在何处，我们都恳请他接受我们对来稿的衷心感谢。我们渴望满足这位通信者及其他所有对汉语学习感兴趣人士的愿望；令人欣慰的是，感兴趣的人越来越多。因此，为了让读者朋友有更多机会详细探讨我们提出的拼音法，我们决定推迟它的使用，直到它经过修改足以应对所有合理的异议为止。此话题十分重要，因此要等获得所有精通汉语之人的共同意见后，我们才愿意继续下去。②

---

① 译自 1837 年 3 月《中国丛报》第 5 卷第 11 期第 1 篇，作者塞缪尔·沃尔夫（Samuel Wolfe，1811—1837），英国传教士。原文标题为：汉语拼音法：对去年五月本刊所提拼音方案中部分内容的异议；修改建议。通信者来稿。——译注

② 本段为编者按语。——译注

去年五月《中国丛报》提出拼音法时提道："通过将中国的拼音法与印度及印度支那国家的进行同化，将获得很大的简便性优势。"毫无疑问，如果这样做是切实可行的，那便是件可取之事；但要进行很大程度的同化似乎并不可行。汉语语言独具特色，使用范围广，我们认为不应该为了这个目的而舍弃真正简单和实用的东西，此目标虽然可取，但与为世界三分之一人口所使用的语言提供一套合适的拼音法的重要性相比，却不值得考虑。

去年五月的那篇文章①提出用于元音之上的变音符号是 `"以及分音符号 "。前三个是长期以来常用于标记声调的符号，似乎也没有其他任何符号更适合此用途。《中国丛报》的作者建议，这些符号应既用作变音符号，又用于标记声调，不同的用法通过符号的位置加以区分，即用作变音符号时，标于元音上方，而用作声调符号时，标于指示声调的单词之后。首先，我们反对将声调符号标记在单词之后，因为如果不用恰当的声调表达，单词就没有合适的含义，甚至根本没有任何意义，因此似乎应该将声调符号标在单词之前或之上，以便它可以与表示发音主体的字母一起或在这些字母之前引人注目。然而我们更加坚决反对的是，为了两个完全不同的目的而使用完全相同的符号（往往就在同一个单词内）。由此必定造成严重的混淆。只有绝对必要时一符两用才是合理的。但在目前的情况下，没有这样的必要，很容易找到同样好用的其他变音符号。前三个变

---

① 指本章第一节。——译注

音符号中的最后一个（'），作者提出用来表示元音的骤停："要么立即停止发出任何声音，要么突然阻止声音的发出，因此产生 k、p、t 三个清塞音。"然而这似乎相当多余，这种骤停是由入声引起的。由于必须始终标记声调，也必须发出表示单词停顿的清塞音，所以不需要再用符号表示。反对使用分音符号，是因其用法与原本的用法完全不同，下文将说明完全不需要用到此符号。用于表示鼻音的符号（°），原本是插到一个音节的字母之间从而造成单词中断，我们应该换为标在鼻音化的音节下方的短横线，这样音节就不会中断。

经考察《中国丛报》给出的元音，我们认为以下修改可作为一种改进。

1. 元音 a 还有一个发音没用上，即 wall、fall 中 a 的发音，或是类似 law 中 aw 的发音。

2. 既然 a 具有上面所说的发音，便没有必要再用 o 来表示 ball 中 a 的发音，且用 a 比用 o 来表示似乎更为自然。

3. 我们认为不需要用到两种 u 的发音，一种与 pull、push 中的 u 相同，另一种与 rude、rule 中的 u 相同。其中一种便可满足任何实际的用途。u 的长短通过声调即可足够准确地指出。

4. 第三个带有沉音符的 ù，即 allure 中的 u，并不是单元音，它其实就是欧式单元音 i 和 u 接连快速发出的音。

5. 在给出的元音列表中，我们建议增加 y，其发音始终与 fly、try、rhyme 中的 y 或者 white 中的 i 相同。y 可取代作者原本提出的发 white 中 i 音的双元音 ai，这个提法很奇怪。

整个双元音部分，我们认为如果将其视为此套方法中一个额外的、单独的部分是没有必要的，它只是展示了单元音在不同相对位置的发音。所有双元音只是已给出的单元音的排列组合。而各个单元音仍保留其本来的发音，所谓的双元音不过是连续发出两个或更多单元音罢了。尤其在汉语中，双元音并非必要。但我们都知道，汉语中多个元音会同时出现，因而一个字里的全部辅音和元音要一起发成一个音节。

关于辅音，我们有以下意见。没理由把 y 作为辅音。将其称为辅音（就其在英语中的所有用法而言）会混淆元音与辅音间的区别。当它作为单词开头时，从未有过英语单词 remain 中元音 e 或欧式 i 的发音；但在某些单词（如 young）中，从第一个元音到后面部分的发音转换非常迅速。如果有人认为这两个音是不同的，大可让他叫人先后读出单词 young 和双音节 eung，eung 中 e 的音要按照 remain 中 e 的音非常迅速地发出，并且不要告知这两个音发出的顺序。我们认为，无论一个人听辨声音有多厉害，都无法在两者中找出区别。如果这是正确的，那么把 y 称为辅音或将其用作辅音便是不合理的。实质上，同样的话也适用于将 w 作为辅音的情况，当 w 作为单词开头时，其发音不过就是 push、rule 中的元音 u。那么为何要用两个字母来表示完全相同的发音呢？这是英语中一种被合理抱怨最多的矛盾之处，自然不值得将其引入一套新方法中。

《中国丛报》中所提出的几个复合辅音中，以下两个在汉语中似乎是不必要的。

1.hw。声称与英语单词 when 中的 wh 相同。如上所述，这里 w 的发音与上文提到的 u 完全相同，如 push、rule 中 u 的音。

因此，试图用 hw 来表达的发音，只不过是送气音后接上欧式音 u。

2.ny。在所有情况下都可用 n 和欧式音 i 表示。Britannia、poniard、spaniel 的最后几个音节便是此例。

下面我们将按照提出的修改建议呈现出整套方法。我们所使用的变音符号是在元音上标记一个或两个圆点。

元音

a，如 quota、American 的 a。

à，如 calm 的 a。

à，如 tall 的 a，或 awful 的 aw。

e，如 men、set、yet 的 e。

ė，如 there 的 e，或 they 的元音 e，即法语的 e。

ë，发音比 e 更重，类似某些人发 care 的音。

i，如 pin 的 i。

i，如 police、machine 中欧式的 i。

o，如 note、love 的 o。

u，如 pull、push、rude、rule 的 u。

ü，如法语 l' une 的 u。

y，如 fly、rhyme 的 y。

只要把这些元音放在恰当的位置上，准确地发出每个单元音，并在一个单音节的发音时间内发出整个语音组合，《中国丛报》中需要通过双元音来表达的发音，就可自然而必然地发出。

辅音

b，如 bob 的 b。

f，如 far 的 f。

g，如 give、get 的 g。

h，比英语中 h 的发音更有力。

j，比 jest 的 j 发音柔和不少，但又不像法语 jamais 的 j 那样柔和。

j，如法语 jamais 的 j。

k，如 kite、ken 的 k。

l，如 lame、lent 的 l。

m，如 maim 的 m。

n，如 nun 的 n。

p，如 pippin、piper 的 p。

r，如 are 的 r，绝非 rung 或 trilled 的 r。

s，如 sit 的 s。

t，如 title、let 的 t。

v，如 revive 的 v。

z，如 zone 的 z。

复合辅音

ch，如 church 的 ch。

ng，如 singing 的 ng，既可作声母，也可作韵母。

sh，如 ship 的 sh。

sz，ts，tsz，根据字母排列的顺序，连续发出各个辅音。

元音发音的抑制。有些发音仅仅是试图发出辅音的音。在此情况下，元音发音的省略用撇号（'）标记；根据元音发音是置于辅音之前或之后，撇号即标于辅音之前或之后，比如 'm、'ng、'sz。

送气音。在 ch、k、p、t、ts 与其后接的元音之间常有送气音，可以通过希腊语的送气符号表示，如 t'e。

鼻音。我们建议在鼻音化的单词下画一短横线来表示。

声调。这是语言中至关重要的部分。福建方言名义上有 8 个声调，但其中第 2 个与第 6 个完全相同。所以实际上只有 7 个声调。其中一个不需要任何符号来标记。因此，只需 6 个符号即可。可能是下面这样的。

1. 阴平不标调

2. 阴上　ˊ

3. 阴去　ˋ

4. 阴入　ˇ

5. 阳平　~

6. 阳上（同 2 ）

7. 阳去　-

8. 阳入 ʹ

我们建议这些声调符号应当标记于所属单词的上方。

第四节　汉语拼音法评论 [①]

上卷《中国丛报》在提出汉语拼音方案之后，邀请有兴趣采用该方案的人士发表观点。描写中国的各种作家，特别是词典编纂者使用了不同的拼写方式，对任何体会过由此带来的苦恼的人来说，提出一种简单而统一的标记方式会是大大的解脱。目前已有葡萄牙、法国及英国的学者所编纂的字典，拼写方法迥异，给初学者带来了不必要的麻烦。拼写方式的五花八门，

[①]　译自 1839 年 1 月《中国丛报》第 7 卷第 9 期第 5 篇，作者卫三畏（Samuel Wells Williams，1812—1884），美国来华传教士，1847 年后成为《中国丛报》的主编。原文标题为：关于《中国丛报》第 6 卷第 479 页提出的汉语拼音法的评论。本书未选取第 6 卷此篇，其主要内容是对 1836 年 5 月（本章第一节）提出的第一版汉语拼音方案再次进行详细说明，并改动了一些细节，主要改动之处本节内容亦有提及。——译注

加上汉语本身的许多方言变化，说明了采取统一标准的必要性，因而该方案应该引起每个汉语学习者的注意，以便充分发表意见，使新方案在实际使用时可排除所有异议。因此对于该方案发表一些意见不会有何不妥。

印度学者已完成决定字母功能的大部分工作，且他们所建立的方法迅速在全国各地投入使用，便说明了该方法是健全的。我们感谢他们的帮助，并自由地利用他们的劳动成果，但是这并不意味着为了简便，我们就必须采用他们的符号并在汉语中尽可能多地找到对应的发音；相反，我们要创建一套独立的方法，自成一体，同时在更重要的考虑因素允许的情况下，尽可能地接近印度的方法。作者对第一版拼音法进行了一些修改后提出了第二版（第 6 卷第 483 页），说明了至少在一些细节上需要脱离印度的方法。提议采用的方法的总体特征必能获得任何透彻研究过此话题的人的肯定，唯一需要解决的难题是找到表示元音不同发音的符号。在这方面，第 5 卷第 30 页中提出的拼音法与第 6 卷第 481 页的有一些出入，但不必在此赘述。最重要的是加入了 lot 中无重音符的短音 o，并在 lord 中的长音 ó 上标出重音符，这样一来，表中加入了汉语中极少或从未出现的发音。为了与其他语言中相似的一览表保持一致而如此增加表中内容，似乎是让人反对的。第二版一览表中删去了表示 l'une 中法语 u 的分音符，显然是种改进，因为分音符已是广为人知的表示双音节复合词的英语符号。在制定第二版一览表时所遵循的原则是"短音不标记，其相应长音用重音符（´）标记，而三个无对应短音的元音则用沉音符（`）标记"。

在任何一览表中，统一是衡量每个发音的标准，因此可能会忽略拟用方法是否适合实际使用。所以我们根据该方法写出几页汉字进行了一次试验，结果长音的极大失调，以及必然导致的重音字母的极大失调，会立即引发此问：是否有办法不使用太多重音符，又符合"最大程度的简单与精确的统一"，来恰当地表示这类发音呢？"我们并未与印度所使用的重音符保持完全一致；但我们认为方案内不同部分之间的一致性比其他需要考虑的因素更为重要"，此话言之有理，因此，如有必要，进一步偏离印度的方法也未尝不可。事实上，一位通信者（见第5 卷第 481 页 [1]）主张，建立汉语标记方式应完全独立于印度使用的标记方式，但这似乎并不可取；然而，如果能在不使用那么多重音符的情况下实现简单和精确这两个重要目标，那么使用最少标记的方法肯定会最快得以采用。在印度人的标记方式中，"无可争辩的原则是，尽可能少地使用重音符或其他标记"。如果考察《加尔各答基督观察者》（*Calcutta Christian Observer*）中给出的用罗马字母写成的孟加拉语或波斯语样例，便会立刻发现这两种语言中的短元音比汉语及其同源语中的短元音要多得多。事实上，他们希望能够轻易地使用该方法，因此对某些发音组合制定一两条额外的规则，便避免了使用过多标记，而这样做仅仅是为了使该方法尽可能少地受标记所限，从而得以推广。

如果长元音比短元音多出许多导致失调，我们就需要如在

---

① 即上一节（本章第三节）。——译注

印度所证明的那样，让拟用方法适应这一特点，同时不忽视简单与精确。比起拼写外国作品中可能出现的一些专有名词，一套统一的拼音法更需要拼写出字典、语法书和其他基本作品中的词汇，在这些书籍中本土语言的发音穿上了罗马字母的外衣，是书的重要组成部分。应避免一切多余的劳动。至于新拼音法引起的地名混乱，已司空见惯，可以说，如今书写地名的方法不胜枚举，要达到统一的唯一办法便是将这些方法都归为一个新的标准。如果我们很难认出用新拼音法写成的 Satlej、Nípál、Basma 等词，那么它们无疑就像在地图上看到的令人费解的 Ssechhwan、Tchekiang、Quangtcheou fu 及其他类似拼写组合一般。但是如果作者愿意，还是可以按旧习拼写这些专有名词；这套拼音法主要是语言学作品所需要的，专有名词会随着拼音法的采用而逐渐更正。依照拟用拼音法，以我们最为熟悉的几种方言即官话、广州方言、福建书面语及口语写出几句话，便能更清楚地看出带重音符的词在总词汇中的相对占比。

1. 先其事之所难而后其效之所得。

2. 君子耻其言而过其行。

此二句的官话读音如下：

1.Síen k'í sz' chí sò nán, 'rh hau k'í heáu chí sò ta。

2.Kiun tsz' ch'í k'í yèn 'rh kwò k'í híng。

广州方言读音如下：

1.Sín k'í sz' chí shò nán, i' hau k'í háu chí shò tak。

2.Kwan tsz' ch'i k'i ín í kwó k'í hang。

福建书面语读音如下：

1.Síen k'í su chi′ sé lán, ji′ hó k'í′ háu chi′ sé tek。

2.Kwan chu t'i′ k'i′ ngán ji′ kó k'i′ heng。

福建口语读音如下：

1.Tái seng chò i′ é su é sé òh, ji′ tui áu k'w°á i′ é háu gi′em é sé tit tiòh。

2.Kwan chu é láng siáu lé i′ é wa′ ai koi i′ é sé ki′°a。

这些重复的句子中，共有 102 个词，其中 74 个或近四分之三需要标重音符。如果在如此大比例的重音符之上，我们再加上表示声调（或 shing，声）、送气音、不完整元音 ’rh 和 sz’ 以及表示福建方言鼻音的小圆圈（°）等标记，这些都需要在字典等书籍中以某种方式表示出来，那么变音符号的数量就与字母数量相差无几了。在以上给出的句子中有 99 个标记。汉字本身笔画多样，清秀优雅，而穿上罗马外衣后，就沦为只有区区两三个字母的单音节了，还装饰着众多标记，实在令人难以接受。下面这句广州方言，虽不常见，但绝非杜撰，在此句中，包括重音符、声调、送气符、标点符号在内的各种标记的数量正好与字母的数量是相等的。

'Ts 'z′ kii′ i′'′'híú, 'ngó 'kóng 'ni′ ͵chi′ ͵ó。

要努力记住并写出如此多无直接关联的字符，无疑会严重阻碍该方法的普及。即便我们在理论上尽可能进行了完善，在实际使用时仍与提出的标准有很多偏差，因而最准确的方法也未能成功运用，而真人发音的微妙变调也只能通过耳朵来感知。每个尝试说汉语的人都可以证明这么说是正确的。毕竟有谁能凭描述、示例或是最近所尝试的图画的方法就准确掌握汉语的八个声调呢?

如果根据前文所引的规则得出的是这样的结论,则建议通过制定另一条规则来减少标记的数量,即不标记长音,在短元音上标记短音符(ˇ),在 e、o、u 下单独出现的第二类长音之上标记沉音符(ˋ)。尽管对于最佳的写法有不同看法,但声调、送气音、鼻音及省音的标记仍是不可省略的。据此原则可得出如下一览表。

元音

a,长音如 calm;yang, ka。

ǎ,短音如 abundant, quota;yǎn, tǎng。

e,长音如 they, neigh;che, se。

ě,短音如 met, lemon;kěk。

è,长音如 where, heir;shèn。

i,长音如 police, peep;pin。

ǐ,短音如 pin;pǐng, sǐn。

o,长音如 lord, all;pong, po。

ò,长音如 note, flow;kò, pò。

u,长音如 rude, Julius;ku fung。

ǔ,短音如 put, foot;tsǔn, pǔ。

ù,长音如 l'une;kù, chù。

双元音

ǎi,短音如 wile, aisle;hǎi, sǎi。

ai,长音如 aye,但音稍长;kai。

ǎu,短音如 plough, brow;hǎu。

au，如 howl，但音更长；hau，lau。

ei，基本如 bey，但更接近双音节；mei。

eŭ，两个元音皆快速发音，如快速发出 say 'em 这两个词一般；cheŭng。

iu，长音如 pew；kiu，chieu。

ŏi，基本如 goitre，oil；tsoi。

ŭi，特有的双音节词如 fluid；shŭi。

ui，加长音，类似快速连续发出短语 sue him；mui，fui。

uě，两个字母合在一起含糊发音；但有时也会以接近双音节的方式拉长发音；yuěn。

ua，一个特殊的音，马礼逊博士以 wa 表示其发音；两个字母应连读，但 a 发音稍长一点；muan。

一览表（第 5 卷第 484 页）[1] 中给出的单辅音和复合辅音已进行简单而准确的定义，无须再论述。印度用于表示流音 ng 的复合字母更为可取，因为它简洁地表示出一个新发音，且不会被误认为是福建方言中听起来像鼻音的 ng。对后者而言，在鼻音下做标记，如 n、ng，比使用原本的圆圈（°）或标在其他字母之上要好得多，因为这样既不会打断单词的连续性，亦方便书写。带重音符的 j′ 的发音可能也要变为简单的 j，倒不是因为能更好地定义，而是带重音符的辅音通常不被理解；此外，无论在中国还是印度，jamais 的清音都是 j 最常见的发音，理应取代 j′ 的位置。

---

① 即上一节（本章第三节）中列出的拼音表。——译注

　　我们知道上述方案很容易遭受异议，任何提出的方案都可能遭遇反对，因为作为英语读者，我们倾向于用自己的一套字母去衡量它们，但这是个谬误百出的标准。这套方案的特点在于其涉及的重音符比第一个方案更少，从而便于使用，因此值得注意。该方案也更加接近已在使用的汉字拼写方式，不仅包括马礼逊博士的字典所采用的方式，还有其他书籍和其他国家所采用的方式。如今未标重音符的 a 出现在外来名称中时，其发音往往更重，其他元音也是如此；即使是英语中的 i，当它出现在陌生的外来词中，我们也通常将它发作 e 音，如 Chili、Fiji 等词。该方案还会使我们的标记方式与我们东边的桑威奇群岛 [①] 及其他太平洋群岛所使用的标记方式相似，在那里所有元音都是长音，皆未标记重音符，也未因缺少重音符而产生困难或错误。如果更仔细考察上面给出的一些双元音，我们很可能又能删去几个重音符。

　　此外，还有个理由可说明这种标记方式是有望使用的，即该方式同样适用于日语和朝鲜语。在朝鲜语中，元音有时发短音，但在日语中，所有元音原本都是长音，即便有时为了悦耳，会将两个或更多元音合并起来，其中一个变为短音。另一方面，越往东边，似乎长音就越多，日本人使用变音符（'）来延长元音原本的发音；这样延长发音十分常见，甚至增加了另一个元音，需在其上加分音符以标示其特征。日语的这种特征在英语中有时通过在两个元音中引入字母 h 来表示，如 Ohosaka。日语

字母表中的字母是音节性的，可分为五类，将其列出便可说明上文一览表的简便性以及对日语字母表的适应性。

a	e	i	o	u
ha, ba, pa	he, be, pe	hi, bi, pi	ho, bo, po	fu, bu, pu
ka, ga	ke, ge	ki, gi	ko, go	ku, gu
ma	me	mi	mo	mu
na	ne	ni	no	nu
ra	re	ri	ro	ru
sa, za	she, zhe	shi, zhi	so, zo	su, zu
ta, da	te	chi, ji	to, do	tsu, dzu
wa	…	wi 或 i	wo 或 o	…
ya	ye	…	yo	yu

表中给出 47 个不同的字母，最后再加上 n，共 48 个字母。但实际上字母表中共有 72 个不同的音，另外 28 个音是通过两种变音符号来表示的，即浊音符（〝）和半浊音符（゜）。浊音符添加在字母上，表示首音为 b，而半浊音符表示首音为 p。表中每一列元音的发音都相同。a 的发音为 father、calm 中的 a；e 为 they 中的 e；i 为 machine 中的 i；o 为 note 中的 o；u 为 fool 中的 oo 和 rule 中的 u。日语发音的一般规则是按照字母的排列顺序逐一读出，如有发音省略的情况，通常只有元音会发生变化。有时元音的数量会超过 5 个，但在此没有必要对所有的变化和例外进行说明。这一规则既已得到应用广泛，便可强有力地支持这种拼写方式。事实上，准备日语学习用书的人绝不可

能采用上一期中提出的方案，它几乎每个元音上都有重音符，会产生很多不必要的麻烦。这几种语言是相似的这一事实，自然地使我们与我们东部国家之间的联系比印度要更加紧密，而汉语普及国家的范围之大，以及用各种方言出版的书籍数量之多，都要求尽可能设计出最为简单的拼写系统。

在判断该主题的价值时，我们要记住，创造这套方法是为了将来使用，而不是为了现在；是为了给学习汉语的人使用，虽目前人数有限，但今后将会增长，如果这套方法吸收得当，在所有语言学作品中可能都会使用此方法，学习汉语的工具也会随之大量增加。我们创造这套方法亦是为了这样一个时刻，届时，现在压迫和束缚中国人智力进步的巨大障碍，将会因为采用一种音节语言而消除，且中国的学者将会意识到有必要让普通人更容易进行学习，这是人们现在远不可能实现的。正是基于这些看法，并担心已提出的方案会因其规则费力而无法普及，才提出了这些意见。此主题最后一段 ① 关于尽早使用拼音方案的建议不能太快采纳；无论是对之前已提出的方案，还是对本文提出的方案，又或同时对二者进行合理调整，都可以放心地交给原来提出方案的人，他已展现出对这一问题的透彻了解。

---

① 指本章第一节最后一段。——译注

第五章　汉字的构造 [①]

我们对于《汉语密钥》（*Clavis Sinica*）[②] 的看法已经被记录下来（见《中国丛报》第 7 卷第 115 页 [③]）。现在，我们希望呈现给读者的是马士曼教授关于汉字结构特点的看法。马士曼教授在列举了所谓汉字部首的 214 个字部之后，详细叙述了"汉字起源"及"汉字演变"，并接着论述了汉语的基础字（primitives）、构形字（formatives）、派生字（derivatives）。

笔者早就猜想，在部首与大量汉字整字间，还存在一些基础字，就像梵语词根里的希腊语基础词一样，通过与某些构字部件相结合，形成大部分的汉字。在研究过一本拉汉字典 [④] 后，

---

① 译自 1840 年 12 月《中国丛报》第 9 卷第 8 期第 3 篇，作者马士曼（Joshua Marshman，1768—1837），英国传教士，汉学家。原文标题为：论汉语——有关其基础字、构形字、派生字的详细记述。——译注

② 1814 年出版，全书名为《中国言法》（*Elements of Chinese Grammar*），本文内容即从书中节选。*Clavis Sinica* 为书中一部分的标题。——译注

③ 编者对此书的主要看法是：承认了此书的思想性，但认为此书不适合初级阶段的学习者，因书的内容冗长，其语法主要来自书面的古典作品，且作者（即马士曼）对汉语的认识有限（因从未亲身来到中国学习汉语），书中有大量初级学者无法辨认出的错误。——译注

④ 指法国汉学家傅尔蒙（Etienne Fourmont，1683—1745）根据定居巴黎的中国天主教徒黄嘉略（Arcadio Huang，1679—1716）相关遗稿所编纂的拉丁语汉语字典《中国官话》（*Lingua Sinarum Mandarinicae Hieroglyphicae Grammatica Duplex, Latine Et Cum Characteribus Sinensium. Item Sinicorum Regiae Bibliothecae Librorum Catalogus*），1742 年出版。——译注

更加证实了这一想法，此字典按照名称对汉字进行分类，有许多实例显示一个汉字是另外 10 或 12 个汉字的字根，在某个汉字上添加一个部件便形成一个新的汉字。如此一来，在同一个基础字上添加表示"手"的部件可构成一个汉字，换为表示"头"的部件则构成另一个汉字，换为表示"火"的部件可构成第三个汉字，换为表示"水"的部件又构成第四个汉字。此外，在同一基础字上仅添加一个部件所形成的汉字，大体沿用基础字的读音，略有变化。这使笔者为之震惊，因此从头至尾查遍此字典，记录出现的每个基础字，并找出在其基础上添加一个部件所形成的所有汉字，最终惊喜地发现，此字典收录的约 9000 个汉字，皆由 862 个汉字仅添加一个部件构成。这样的事实有望为这种独特文字的构造提供大量启示，但因害怕有差错，且考虑到 9000 个汉字只是所有汉字中的一小部分，于是笔者在中国助手的协助下，又着手研究了整本官方字典。① 经过 15 个月的努力，笔者欣慰地发现，字典中的每个汉字都源自另一个汉字，可归在相应基础字下。在此将研究成果呈现给各位读者。除 214 个部首外，可形成新字的汉字共有 3867 个，通过给其中任一汉字添加一个部件，即可形成大部分的汉字，与此高度相似的是，希腊语由约 3500 个基础词构成，梵语由约 1700 个词根构成。在这些汉字中，同一基础字最多可形成 74 个新字，最少是 1 个。在基础字上添加一个部件所形成的即是派生字，一般在某种程度上与基础字有所区别，但仍有一定的关联。

---

① 指《康熙字典》。——译注

但应该注意"基础字"并不是指这些汉字的来源，而是仅指代其用途。以来源来说，除214个部首外没多少汉字可称为基础字，这些部首也不全是基础的汉字，其中有一些明显由两三个部件复合而成。因此，称之为基础字仅仅因为他们在语言中的作用。比如，"賣"包含三个部件，通过分别添加35个部件可派生出至少35个汉字；"在"可派生出9个汉字；"無"可派生出25个汉字；"今"可派生出至少62个汉字。

　　而这3867个基础字可构成的派生字数量并不相同，其中有1700多个只能构成1个派生字，而他们通常也是由其他基础字派生出来的，因而难以名副其实。如果我们把每个可产生另一个词的希腊语单词纳入基础词之列，那么希腊语基础词的数目将远超这些汉语基础字。比如单词"συνεπιλαμβανω"，去掉一个介词就变为"επιλαμβανω"，但这个词只能产生两个派生词。我们应该进一步追溯到词根"λαμβανω"，它可以产生至少50个派生词。所以在这3867个基础字中，不仅要排除1726个只能派生1个新字的，还要排除452个只能构成2个新字的。通过对比可明显看出，剩余的1689个基础字构成了汉语的庞大主体。1726个只能派生1个新字的基础字即形成1726个汉字，而452个可构成两个派生字的仅形成904个汉字，两者相加为2630个。因此如果估计3867个基础字可构成25000个新字（30000的六分之五），那么这些基础字中的2178个只能构成2630个派生字，而剩下的1689个基础字则可构成22370个派生字。因此这1689个才是汉字真正的基础字；数量不多，但也足够形成汉字体系。如果我们把22370个派生字平均到1689个基

础字上，那么每个基础字对应的只有 15 个派生字，远低于一个
希腊语基础词一般所对应的派生词数量。希腊语中有一些基础
词，比如"λεγω"，可构成 200 多个派生词，是汉语基础字所能
构成字数的两倍之多。

如果我们将部首也看作是基础字，它们也确实有此作用，
那么会发现，由于任意将两个部首进行组合只能构成 3600 个
汉字，因而 214 个部首中平均每个部首可构成的派生字不超过
16 个。通过例子可知，这种依照相互组合来划分部首的方式有
利于通过两个部首的关联来阐明含义。如果我们将 214 个部首
加入 1689 个基础字中，则有 1903 个汉字几乎构成了整个汉语，
而这是将 214 个部首本身也作为构形字。照此方式可简化汉语，
这是不言而喻的。充分了解这 1903 个汉字，就掌握了汉语构成
的全部要素；如果上述原理贯穿整个汉语的形成，那么只要留
意各种构形字与少数基础字结合所产生的效用，就能有助于敏
锐地推测它们与其余基础字结合所产生的效用。

有些奇特的是，尽管汉语与希腊语及梵语的结构大不相同，
但基础字 / 词的数量十分接近。纽金特（Nugent）认为希腊语中
有两类基础词，第一类是最重要的，共有约 2100 个；第二类是
次要的，共有约 1500 个。因此，除去那些偶然派生出一两个新
词的派生词，希腊语基础词的数量与广义的汉语基础字的数量
大致相当，即使把仅有一个派生词的基础词包括进来也是如此；
然而希腊语中第一类即最重要的基础词数量却超过了汉语中最
重要的基础字数量。梵语中有 1760 个词根，这也超过了汉语中
最重要的基础字数量。

各类基础字

至此我们已确认汉字中基础字的存在及数量，如果仔细研究组成汉语的文字，可进一步了解这门语言。如上文所述，其实部首也可称为基础字，因为大部分部首确实可通过添加部件构成派生字，且所能构成的派生字数量也不多，在这点上部首跟我们所说的基础字是一样的。但二者有一点不同，即部首可单独起到构形字的作用，而 1689 个基础字中能充当构形字的却是寥寥无几。因此，除去这些部首，才得到真正的基础字。经研究发现，大部分真正的基础字都由原始的汉字构成，可分为以下几类。

1. 第一类基础字由部首添加部件构成，且所添加的部件本身并无意义。因此这类汉字并非两个概念组合而成，因为如果进行拆分，两个部件并不能分别表示明确的概念。这也进一步将基础字与部首区别开来。比如"世"字，表示时代或事物的状态，归在"一"字部下，但除"一"以外的部分并不表示明确的概念。"世"是常用字，分别添加 22 个不同的部件，可构成 22 个派生字。另一个例子是"民"，表示人民、群众，由表示部落的"氏"加上本身并无任何含义的部件构成。"民"可构成 28 个派生字。表示现在的"今"也是此类，是在"人"下添加两笔构成，而这两笔本身并无意义。"今"字很常用，可构成至少 62 个派生字。这类字还有"不"，也很常用，归入"一"字部，但下半部分不能构成汉字。"不"字可构成 35 个派生字。"求"的下半部分是"水"，但所添加的上半部分本身却没有实际意义。"求"可构成 39 个派生字。"畏"的上半部分是

"田"，但下半部分并不是完整的汉字。"畏"可构成 26 个派生字。"上"和"本"的构成前文已提及①，"上"可构成 3 个派生字，"本"可构成 17 个。还有"由"是通过延长"田"中间的一竖形成，可构成 35 个派生字。例子不胜枚举，但在此想再以"我"为例，它的字根是"戈"，意为长矛或刀剑，但另一半不是完整的汉字，形似简化的"扌"，省略了"手"的中间一横。"我"可构成 27 个派生字。有人可能会问：那这些基础字究竟是什么呢？他们既不是部首，严格来说也不是合体字，因为拆分后便没有意义。所以他们要么表示非部首的汉字，要么属于第三类汉字②，通过字形和位置表示意义。1689 个基础字中大概有四分之一属于这一类。

2. 第二类基础字是上文已提及的合体字。又分为几种类型。第一种以"天"为例，是将"一"添在"大"上，"天"可构成 19 个派生字。"中"也是一例，是在"口"中添加一竖，也可构成约 19 个派生字。还有助词"必"，是在"心"中添加一撇，又可构成 43 个派生字。"正"是将"一"置于"止"上，可构成 21 个派生字。"出"是将意为初生草木的"屮"置于意为坑穴的"凵"上，可构成 47 个派生字。对于这类基础字，不好确定是应该视为通过字形和位置表示意义的指事字，还是视为会意字即合体字的一种；但是由于在这些汉字中包含两个清楚、

---

① 指作者在其原著中的前文提到的内容，本篇仅为原著的节选，不包含此内容。——译注
② 原著在前文分别介绍了汉字"六书"，按顺序依次为象形、假借、指事、会意、转注、谐声（即形声），此处所说的第三类即"指事"。——译注

完整的字，故归为合体字。然而读者也可自行判断，它们主要是通过构字的部件来表达意义，还是通过组合时所处的位置来表达意义？如果是前者，那么它们就属于合体字，而如果是后者，就应视为第一类基础字，如此一来第一类所包含的数量就增加到总数的三分之一。

此类别中的第二种基础字，毫无疑问是两个字复合而成。比如"吅"，意为大叫或嘈杂，是在"口"边再添一个"口"，可构成 6 个派生字。"知"是由"矢"和"口"构成，有 16 个派生字。"利"是由"禾"与"刂"构成，也有 16 个派生字。"因"是将"大"置入"囗"中，可构成 29 个派生字。将"分"拆开是"八"和"刀"，可构成至少 62 个派生字。还有"吉"是将"士"置于"口"之上，可构成 40 个派生字。"召"是将"刀"添在"口"上，可构成至少 55 个派生字。"加"字将"力"和"口"组合起来，可构成 31 个派生字。还有"各"是把"口"置于"夂"下，可构成 61 个派生字。

3. 第三类基础字由三个部件组合而成，且如果缺少一个部件，另外两个部件便毫无意义。但此类汉字数量很少。由三个相同部件组合而成的汉字仅有 50 个，其中也有少数两个相同部件可组成一个汉字的情况，但并非全都如此。三个"心"字组成"惢"，但并不表示齐心的意思，而是表示怀疑或不确定，可构成 5 个派生字。三个"力"字组成"劦"表示合力，可构成 14 个派生字。"同"字是由三个不同的部件构成的，即"冂""一""口"，我不确定其中任何两个部件是否能构成汉字，"同"可构成 55 个派生字。再举一个例子就够了，即基础字

"合"，是将"一"和"口"置于"人"之下构成的，有至少 74
个派生字，是构成派生字最多的基础字。第二类和第三类基础
字明显是从上文提及的原始的合体字中选取的，二者占了 1689
个基础字中的一半。因而到此为止基础字中的大部分可能都来
自最早形成的原始汉字。而原始汉字并没有全部都变为基础字，
这对了解语言形成过程的人来说不足为奇，例如很多希腊语动
词，显然是基础词，但连一个派生词都找不到。

　　4. 接下来是第四类基础字，此类数量不多，但绝不无趣。
此类汉字是前三类基础字的派生字，因其用途被列为基础字，
也包括几种类型。第一种是从第一类基础字也即拆分后无意义
的字中派生出来的。如疑问词"否"[①] 是将"口"添在"不"下，
上文已提到"不"是可构成 35 个派生字的基础字，"否"就是
其中之一；"否"也可作为基础字，构成 18 个派生字。名词
"枼"是在"世"下添加"木"组成，可构成 42 个派生字。表
示现在的副词"今"，共有 62 个派生字，其中有两个又可列为
基础字。表示贪心的"貪"由表示珍贵的"貝"和表示现在的
"今"组成，可构成 5 个派生字。表示醉酒的"酓"是由"酉"
和"今"组成，又可构成 9 个派生字。另一种是从第二类和第
三类基础字也即合体字中派生出来的。例如"崩"是将"山"
置于"朋"之上，可构成 10 个派生字。"略"也是此类，是由
"各"与"田"组成，可构成 4 个派生字。形容词"奇"是由
"可"和"大"组成，有 49 个派生字，比"可"的 43 个派生字

---

① 　指"否"用于疑问句（如：可否？）的情况。——译注

还多。

还有一种是派生字的派生字，是由某个派生字所构成的字，又作为字根构成新字。其中有些很是奇特，但很少有比意为等级、级别等的"品"的派生字更奇特。"品"本身是派生字，是在上文提及的"吅"上再添加一个"口"而来，也可作为基础字，再构成7个派生字。这7个派生字中，有些又成为基础字，其中最值得注意的是意为鸟齐鸣的"喿"，由"品"添加"木"而成，以及意为隐藏的"區"，由"品"和意为箱子或胸部的"匚"组合而成，"區"又构成至少47个派生字。到此还未结束，"奩"意为收纳梳妆用品的盒子，也有人说表示镜子，是在"區"上添加"大"，它又能构成2个派生字。"藍"是种带刺植物，是将"艹"添加在"區"上，可构成1个派生字。意为堆积的"畾"字，所能构成的派生字也很突出，它作为基础字可构成至少33个派生字。其中有意为修建战壕的"壘"，是将"畾"与"土"组合而成，这个字又可作为基础字构成8个派生字。又比如"纍"意为捆绑或卷入坏事，是在"畾"下添加意为丝绸的"糸"，可构成5个派生字。还有一例是很常见的"能"字，意为能力，是在意为移动或摇动的基础字"肙"（由意为肉的"月"[1]和意为低下的"厶"组成）上添加两个叠加的"匕"（意为勺子）组成。"能"字可作为基础字构成16个派生字。其中一个派生字"罷"意为停止，是加上表示网的"罒"构成，"罷"字又可作为基础字构成11个派生字。其中一

---

[1] 古代"肉"的象形即为"月"字形。——译注

个派生字"罴"意为白熊，是将意为火的"灬"置于下方，此字又可构成 2 个派生字。再举一例就足够了，意为否定和没有的"亡"，一说是在"亠"的基础上添加一个本身没有含义的部件而构成，另有一说是在意为入口的"入"的基础上添加一个本身无含义的部件而构成。"亡"可构成 3 个派生字。其中之一是意为乞讨的"匃"，是在表示包裹的基础字"勹"的基础上添加而成，又可构成 3 个派生字。在这第三代派生字中，有一个表示为什么的"曷"，是在"匃"上添加表示说的"曰"，可再构成至少 56 个派生字。在第四代派生字中，有一个"葛"表示用来制作薄布料的草本植物，是将"艹"添加在"曷"上构成，"葛"作为基础字可再构成 24 个派生字。从上述例子容易看出，如果不了解构字部件之前的组合形式，就难以明白汉语合体字的作用，可见这一点对于彻底了解汉字的重要性。

还有一些基础字无法确切地归纳到上述任何类型中。他们由两个基础字组合而成。数量绝不算多。比如称呼兄长的"哥"就属于这类。"哥"由两个"可"字上下叠加而成，有 11 个派生字。另一个例子是意为刺的基础字"朿"，其本身有 21 个派生字，将两个"朿"上下组合形成"棗"，是种枣子，有 6 个派生字。还有其他例子，但在此将以意为长寿的"壽"作为最后一个例子进行讨论。它由五个不同的字组合而成，即意为有学识之人的"士"，下加并非汉字的"乛"，再加意为艺术的"工"，然后加上数字"一"，下面是意为嘴巴的"口"及意为英寸的"寸"。这一合体字的派生字不少于 44 个。汉字的基础字就是如此形成的：其中大多数极有可能由原始汉字构成，而剩下大约四分之一是原始汉字中使用最频繁汉字的派生字。

构形字

在考虑了各类基础字后，我们应该来看看构形字，即 214 个部首。将其分别添加到基础字形上便构成派生字，可以发挥此作用似乎就是部首和基础字之间的巨大差别。许多基础字比一些部首的构造更为简单，且仅作为基础字的话，它们可构成更多的派生字，比如"合"就是这种情况，可构成 74 个派生字。但"合"并不兼具基础字和构形字的双重功能，尽管它至少可以与 69 个部首组成 69 个单独的汉字，但是很少与另一基础字组合。确实有两个相同的基础字组成新汉字的情况，前文也给出了两三个例子，但这样的情况非常少见。而一个基础字与另一个基础字进行组合的情况就更为少见，虽然也能找到一两个例子。"今"作为基础字，可与 62 个部首分别组成 62 个派生字，但它很少作为构形字；"人"作为基础字仅可与 23 个部首组成 23 个派生字，但是作为构形字，却能与至少 700 个基础字进行组合。这似乎解释了部首为何被选为每部之首字，其他汉字在其下排列。表示一种管乐器的"龠"字，甚至也可作为构形字与至少 13 个合体字或基础字进行组合，但这些基础字中基本没有一个可作为构形字与基础字组合成三个以上的字。因此，构成派生字的作用似乎仅限于部首。

尽管构成新字的作用似乎仅限于部首，但并非所有部首能构成汉字的数量都相当。其实到目前为止，其中 120 个部首仅构成了 2640 个派生字；而仅仅"草""水""手"三个部首就构成了 3700 多个汉字。有 60 个部首构成了至少 25000 个汉字，这是汉字的主体。这些部首是主要的构形字，与希腊语和梵语中的介词、小品词和其他构词要素相似，虽然并不完全相同，但与基础字相组合，构成了几乎整个汉语。对于已经习惯于将介词当作希腊语唯一构词要素的人来说，用希腊语的构词要素做比较可能会显得奇怪。然而仔细研究这个问题就会发现，除介词外，希腊语还有很多其他构词要素，比如小品词 εν、δνς 等，在构词数量上与一些介词几乎不相上下。也不仅只有小品词可以构词，熟悉希腊语的读者应当能想到许多名词和形容词，它们构成的单词数量与汉字一些构形字所构成的汉字数量几乎相当。似乎值得粗略一提的是，希腊语某些构词要素的含义与汉语某些构形字的含义是一致的；例如，"人"和 ανηρ 一致，后者构成了 75 个希腊语复合词。

刀，οξνς，可构成约 100 个

又，ανα，可构成约 500 个

土，γη，可构成约 50 个

大，μεγας，可构成约 80 个

女，γυνη，可构成约 20 个

子，νεος，可构成约 140 个

小，ολιγος 或 μιχρος，可构成约 70 个

己，αυτο，可构成约 160 个

手，χειρ，可构成约 50 个

犬，χυνη，可构成约 50 个

甘，μελι，可构成约 70 个

生，ζωη，可构成约 60 个

目，οψις，可构成约 50 个

石，λιθος，可构成约 30 个

立，ςαω，可构成约 40 个

舟，ναυς，可构成约 36 个

走，ταχυς，可构成约 40 个

金，χρυςος，可构成约 100 个

文，χαλλος，可构成约 120 个

歹，δυς，可构成约 400 个

比，ιςος 或 ομος，可构成约
140 个

水，νδωρ，可构成约 60 个

火，πυρ，可构成约 140 个

牛，βους，可构成约 90 个

長，μαχρος，可构成约 60 个

非，ψευδης，可构成约 60 个

馬，ιππος，可构成约 90 个

高，νψος，可构成约 60 个

黑，μελας，可构成约 55 个

以及其他几个。

这些希腊语的构词要素与基础词进行组合的规则，与汉语的构形字与基础字组合的规则不同，这对于两种本质迥异的语言来说也是意料之中的。然而，希腊语的构词要素在有一点上与汉语的构形字是一致的，即在与基础词组合成新词之前，大多数构词要素本身就表示明确的概念，并将自身的一些含义带到了所构成的新词之中。有些奇特的是，两个截然不同的国家，竟然有如此多构成字词的要素所表示的概念是基本一致的。

派生字的构成

现在我们讨论这一主题的最后一部分，即构形字和基础字组合而成的结果。相较于之前的部分，这一部分我们能得到的指引并不多。虽然这样使得我们不应武断地妄下结论，但也绝不应该阻止我们勤奋地探究。在汉字构造的"六书"中，无疑会找到大量按照第四类原则 [1] 构成的派生字，即将两个汉字的含义结合，产生一个新的汉字；还能找到少量按照第六类原则 [2] 构成的派生字，即将某类事物的含义与某个汉字想象中的发音相

---

① 即"会意"。——译注

② 即"形声"。——译注

结合。确实有可能找到少量按照第三类原则①构成的派生字，即通过构字部件的位置或形体来表示含义；但是不太可能找到很多按照第一类原则②构成的派生字，即物体的象征或图画。但在某些情况下，构形字既会与基础字的自然和正统含义相结合，也会与基础字的比喻意义相结合；还有一些情况下，合体字要么是随意形成的，要么是来自一些因时间久远我们甚至无法猜测的情形。

中国的词典编纂者似乎有种普遍观念，认为构形字（或部首）应当表达出对基础字所指概念进行修饰或与之相联系的事物。因此他们会认为将表示火的汉字放在"水"的部首下是不合理的，或者将表示动物的汉字放在表示无生命事物的部首下也是不合理的。而《康熙字典》的编撰者曾提及，通过汉字分类纠正这种不一致是他们始终奉行的宗旨。如果人们普遍严格遵循这一观念，便有明确的规则可指引我们。基础字就像一种形容词，赋予构形字某种特性或存在方式，其实从以下这些派生字中就能看出几分。意为当下的"世"字，需要"口"才能表示啰唆的"呭"，因此构形字是"口"。而意为聪明的"愢"字，似乎需要用"心"而非"口"，因此构形字是"心"。但是如果这一观念能体现在那些表示可感知事物的汉字中，如鸟、野兽、身体各部位等事物，那么大脑运作的多样性使我们基本无法指望表达这些事物的汉字能始终体现这一观念。然而，无论构形字通常是修饰基础字的含义，正如介词 per、con、sub 修

---

① 即"指事"。——译注
② 即"象形"。——译注

饰 scribe 的含义，而基础词 scribe 传达给构造词形的是个大体的概念，还是构形字和基础字同等地组合成汉字，记住这一点并进而掌握都应是有益的。我们还可进一步探究，构形字在构字时是普遍具有相同的效果，还是其效果因字而异？仔细观察这些细节，将会为我们理解汉字相互组合的原理提供很大帮助。但要做到这点，似乎有必要研究大量的基础字，以便囊括所构成的每一个派生字；如果我们仅选择任一基础字构成的少数派生字，得出的结果可能不尽如人意，因为研究其余派生字所得出的结论，可能会与特意选出部分派生字而得出的结论相矛盾。由此我们决定，从上述每一类基础字中都选取一些来进行考察，包括它们构成的所有派生字。由于部首既可作为基础字，也可作为构形字，应当首先展示有此作用的部首之一。

部首"心"，sin，指心脏等，作为基础字，可构成 12 个派生字。

伈，sin，与"人"构成，意为恐惧的状态。

吣，sin，与"口"合，意为狗嘴里的白沫，同"㕦"。

扗，tsin，与"手"合，意为插入，如将木棍插进地面，将钉了插入墙面等。

疢，tsin，与"疒"（指疾病）合，意为病痛，感到疼痛。

芯，sin，与"草"合，指一种草。

訫，sin，与"言"合，意为诚实。

軐，sin，与"车"合，指车钩心木。

杺，sin，与“木”合，指一种树，树心黄色；或指车钩心木。

沁，tsin，与“水”合，指测量水深，或某条河流。

鈊，tsin，与“金”合，意为尖锐、灵敏。

雴，tsin，与“雨”合，意为云的移动或轨迹。

鷙，sin，与“鳥”合，指黑色的鸟。

以上大部分汉字都是由两个概念组成一个新的概念，明显属于会意字。其中有几个字，其构形字和基础字所表达的概念似乎融合在一起；而在另一些汉字中，基础字似乎将一个大体的概念添加到构形字上，比如“心”字在狗嘴里就成了白沫，又给“手”带来了力量和影响，与“疒”接触就是病痛，加上“言”就表示诚实，靠近“金”则通常表示敏锐。还有几个汉字难以找出关联。上面有6个汉字与基础字“心”的读音完全相同，而另外6个的读音仅改变了声母。[①]

下面我们考察各类不同的基础字。

第一类基础字

“世”，she，30年为一世，又指时代、世界，可构成22个派生字。

① 此处应为原文表述错误，根据原文列表中所标注的拼音，与“心”读音相同的字为7个，改变了声母的为5个。——译注

佚，sëě，与"人"合，意为
　　挥霍、奢侈。

呭，e，与"口"合，意为啰
　　唆。发音为 sëě 时，意为
　　欢乐。

屜，te，与"尸"合，鞍屜，
　　鞍的侧面或衬垫。

庡，e，与"广"（指草屋）
　　合，指一种贮藏室。

怈，e，与"心"合，聪明、
　　清楚。

拽，e，与"手"合，拉、
　　牵引。

欼，hyeh，与"欠"合，呼
　　气的声音。

枻，e，与"木"合，船桨。

枼，yě，"木"在下方合，意
　　为树叶等。

泄，e，与"水"合，排出、
　　扩散。

玴，ke，与"玉"合，意为
　　像玉的美石。

瘂，sëě，与"疒"合，意为
　　痫疾。

禮，e，与"示"合，意为
　　祭祀。

緤，sëě，与"糸"合，意为
　　系、拴，也指缰绳等。

翀，e，与"羽"合，意为飞
　　翔，似鸟等。

褋，e，与"衣"合，意为长
　　被或覆盖物，或指像长
　　袍般飘逸。

謻，e，与"言"合，意为流
　　利、啰唆。

貰，she，与"貝"合，意为
　　宽纵、赦免。

迣，e，与"辶"合，意为
　　超越。

跇，e，与"足"合，意为
　　越过。

趨，e，与"走"合，同
　　"跇"。

靾，e 或 sëě，与"革"合，
　　意为以马鞍赠亡人。一
　　说指缰绳。

以上大部分汉字中，其概念主要是由基础字（意为当前的或自由流动的事物）加上各种构形字来体现，派生字的含义就基本清楚了。例如，一个人自由地生活可能意味着挥霍；树木自由生长，意味着树叶；嘴巴滔滔不绝，意味着啰唆；气体是流动呼出的；自由地走动便是前进、向前甚至超越；长袍是飘逸流动的；等等，无须赘述。以上有 14 个汉字的读音就是基础字的音节，而其余汉字基本保留了韵母。

第一类基础字（又一例）

代词"我"，go，可构成 27 个[①]派生字。

俄，go，与"人"合，意为短暂、片刻，倾斜。

娥，go，与"女"合，意为姿容美好。

厓，go，与"厂"合，意为高耸、巍峨。

捼，go，与"手"合，意为拖、拉。

峨，go，与"山"合，嵯峨，指山势高峻；峨峨，意为庄重严肃。

珴，go，与"玉"合，指手捧贵重玉器。

峩，go，将"山"置于上方，含义基本相同。

皒，go，与"白"合，皒皒，意为非常白。

哦，go，与"口"合，指轻声或含糊地读出。

硪，go，与"石"合，意为大山洞。

義，e，与"羊"合，意为合宜、公正、正义的。

---

① 原文列表中有 26 个条目，包含"鵝"字的两种写法即为 27 个字。——译注

莪，go，与"草"合，指一
　　种味道宜人的草，根部
　　可食。

蛾，go，与"虫"合，指未
　　孵化的蚕虫。

蟻，go，将"虫"置于下方，
　　含义相同。

祓，go，与"示"合，指某
　　种宗教仪式。

睋，go，与"目"合，意为
　　认真地看，或期望。

襖，go，与"衣"合，指装
　　饰华丽的衣服。

誐，go，与"言"合，意为
　　嘉、美，或指像含糊读
　　出般低吟。

鋨，go，与"金"合，"铁"
　　的伪字。

䴩，go，与"鳥"合，指鹅。

鵝，go，将"鸟"置于右边，
　　同上。

鵞，go，将"鸟"置于下方，
　　同上。将"鸟"置于上方
　　其发音及含义亦同。

頟，go，与"頁"合，意为
　　相等的、均衡的。上声。

餓，go，与"食"合，意为
　　饥饿。

騀，go，与"馬"合，騀騀，
　　指马摇头。

齾，go，与"齒"合，齟齬，
　　指一排牙齿。

基础字"我"所表示的大体概念似乎是人类自身的偏好，私心、私有物等，比如用于妻子、手、颜色、衣物等，再加上价值或佳美的概念。以上有两三个汉字，似乎有个人所有物之意，如自己的印章或职务，由自己执行的宗教仪式，自己对食物的渴望。意为低吟的"哦"字似乎是按形声的原理构成的，即将一个字的含义与另一个字的读音相结合。有几个汉字其中的关联难以辨别。除一个字外，以上所有汉字的读音都与基础字相同。

第二类基础字

"中"，chung，意为中间、恰好、里面、深入的，由一竖穿过"口"组成，可构成 19 个派生字。

仲，chung，与"人"合，指三兄弟中排第二的。

冲，chung，与"冰"合，意为深，也指幼童。

叏，chung，与"又"合，"史"的古字。

妠，chung，与"女"合，女子人名。

岇，yung，与"山"合，山名。

种，chung，与"禾"合，意为种植谷物。

忡，chung，与"心"合，意为忧虑。

忠，chung，将"心"置于下方，意为忠心、正直。

冲，chung，与"水"合，指加入水搅动，也指空的、深的。

盅，chung，与"皿"合，意为小容器或小杯子。

宪，chung，与"穴"合，意为艰难地穿过，穿透。

笁，chung，与"竹"合，指竹子。

翀，chung，与"羽"合，指鸟向上直飞。

茽，chung，与"草"合，指一种草。

蚛，chung，与"虫"合，意为虫食物。

衶，chung，与"衣"合，意为套裤。

衷，chung，将"中"置于"衣"之间，意为善的、正确的、忠诚的。

罼，chǐh，与"馬"合，意为
拴住马的脚，或指一般
的捆。

鵧，chung，与"鳥"合，鸒鵧，
指一种蝙蝠。

在汉语中有时两个汉字组合起来可能表示不止一种含义。因此"中"可以表示中间，或者正直，也可以表示里面。用"中"构字时，一个人也许领会到其中一种意思，而另一个人则可能将注意力集中在其他含义上，这样的事并非不可能。以上由"中"派生出的一些字似乎是将"中间"的含义与构形字所表示的含义结合起来。有一两处这点表现得非常明显，将形容词"中间"加上构形字后基本就是其含义，例如位于中间的人或兄弟，穿在中间的衣服，处于中间形态的鸟，即介于鸟类和兽类之间的蝙蝠。其他几个字似乎是和"里面"的含义结合起来，例如心里的感受，即忧虑；水里搅动的东西；稻穗里的谷物；等等。还有几个合体字中的关联并不容易看出。除两个字之外，其余所有汉字的读音都和基础字相同。

第二类基础字（又一例）

"正"，ching，意为正确等，由"一"放在"止"上构成，有 22 个 [1] 派生字。

征，ching，与"人"合，征

佂，指快速、匆忙地行

走，也指惊慌的。

囸，ching，与“囗”合，“日”的古字。

姃，ching，女子人名。一说指端庄的女子。

帧，ching，与“巾”合，指布料等，可作为箭靶。

征，ching，与“彳”（指一小步）合，意为制服或制裁叛乱分子。也指强行征用。

怔，ching，与“心”合，意为匆忙地走，或惊恐。

昰，ching，与“日”合，“是”的古字。

浾，ching，与“水”合，指深红色。

烝，ching，与“火”合，烝爚，指烧得很高的火。

眐，ching，与“目”合，意为看、端视。

竧，chen，与“立”合，意为站直。

紅，ching，与“糸”合，指马的装饰等。

罡，kang，与“网”合，天罡，指小熊星座。

聇，ching，与“耳”合，一种走路的样子。

胵，ching，与“月（肉）”合，指煮肉煎鱼。

袏，ching，与“衣”合，指幼儿的衣物。

証，ching，与“言”合，意为谏劝、责问。

延，ching，与“辶”（指走走停停）合，意为制服叛乱。

鉦，ching，与“金”合，指一种铃。

阷，ching，与“阜”（指土丘）合，意为地面上四周由土堆积而成的山丘。

鴊，ching，与“鸟”合，指一种鸢。

将正确的、直的、竖立的含义加上构形字就可基本得出以上大多数汉字的含义。例如一条竖直摆放的布作为靶子；直视或端视的眼睛；笔直地立着；站直的或端庄的女子；正确的话或责备；等等。但把征服一个叛逆的臣民称为正道，似乎有点小题大做的味道。以上有 16 个 [①] 字的读音与"正"相同，而剩下的汉字，除一个外，声母都与"正"相同。

由两个部首构成的第二类基础字

"知"，che，意为知道，由表示箭头的"矢"和表示嘴巴的"口"组成，因为中国的词典编纂者认为，"学如弓弩，才如箭镞"。"知"可构成 16 个派生字。

伵，che，与"人"合，意为行走、行动。

徛，che，与"彳"合，意为行走等。

恓，che，与"心"合，意为令人愉快的。

智，che，与"日"合，意为智慧。

毭，che，与"毛"合，意为毛发多的。

痴，che，与"疒"合，指身上长瘀点的一种疾病。一说指贪心。

揱，se，指女婿。

茹，che，与"草"合，茹母，一种药草。

觊，tseïh，与"見"合，指眼睛泛红。

贺，che，与"貝"合，意为通过礼物介绍自己。

踟，che，与"足"合，踟蹰，意为小心行走或

---

① 根据原文列表内容，实际有 19 个汉字所标注的拼音与"正"相同。——译注

行动。

䩾，che，与"酉"合，指酒。

飍，che，与"風"合，一种
鬼怪。

魖，che，与"鬼"合，同上。

黕，che，与"黑"合，黕黠，
指潦草地书写。

鼅，che，与"黽"（指蛙）
合，指蜘蛛。

　　将基础字"知"的大体含义加上构形字的含义，就可基
本看出以上大部分汉字的意思。尽管在个人意义上，"知"与
"疒"的组合指的是已知的疾病发展程度；但有好几个字中的关
联或概念则难以找出。以上 16 个字中有 12 个[①]的读音与基础
字相同，而另外有两个字的韵母与基础字相同。

由两个部首构成的第二类基础字（又一例）

　　"利"，le，意为优势、利益等，由"刀"和"禾"组成，可
构成 16 个派生字。

俐，le，与"人"合，意为准
备好的、聪明的、机灵
的、能干的。

唎，le，与"口"合，意为
铃声。

悧，le，与"心"合，意为
憎恨。

莉，le，与"山"合，意为敏
捷地爬上岩石。

棃，le，与"木"合，指
梨子。

浰，leën，与"水"合，意为
急流。发音为 le 时同义。

痢，le，与"疒"合，指

---

① 根据原文列表中所标注的拼音，应为 14 个。——译注

痢疾。

砅，lă，与“石”合，指一种石头。

筣，le，与“竹”合，笓筣，指织竹为障。

莉，le，与“草”合，茉莉，一种花。

蜊，le，与“虫”合，蛤蜊，一种蚝。

誗，tseën，与“言”合，指口才好的。

銐，chen，与“金”合，意为锋利、尖锐。

颲，leĭh，与“風”合，指暴风，暴风雨。

鵹，le，与“鳥”合，一种鸟，头尾为白色，背部及腿部为红色。

麳，le，与“麦”合，从小麦中提炼的烈酒。

将形容词“有利可图、有优势的”与以上多数构形字结合，所构成汉字的含义就可基本明白。例如，一个做生意有优势的人，便是能干的；水可以源源不断地利用时，即急流；竹子被制造成对人有益的事物，就是格栅；说话有益，即口才好；与疾病或金属结合，则似乎表示锐利、锋利的意思。以上有 11 个字的读音与基础字“利”相同；除一个字外[①]，所有字的声母都相同。

第三类基础字

由三个相同的部首组成的基础字

“劦”，hëĕ，意为齐心协力，由三个相同的部首“力

① 根据原文列表内容，实际有 2 个字的声母与基础字不一样。——译注

（leǐh）"组成，可构成 14 个派生字。

协，hěě，与"十"合，意为协调、联合。

娞，heěn，与"女"合，指美貌。

帣，hěě，与"巾"合，意为束成一捆，捆绑。

搚，hěě，与"手"合，意为用力拉。

欨，hěě，与"欠"合，意为屏住呼吸。

杨，le，与"木"合，指一种果实。

犅，hěě，与"牛"合，指强壮的牛。

珕，le，与"玉"合，指一种大型的蚝。

稆，le，与"禾"合，指高而壮的谷物。

胁，hěě，与"月（肉）"合，指左右两边的肋骨。

荔，le，与"草"合，指一种果实。

蛎，le，与"虫"合，也指一种大型的蚝。

赑，hěě，与"貝"合，指财物等。

趍，heěn，与"走"合，意为快跑。

以上大多数汉字，是将"力"的概念与不同的构形字结合。与"十"（指多人）结合，自然就表示一致的意思；结实的布料适合捆绑物品；强壮的手可用力拉东西；肋骨给身体带来力量；有力的脚使人能够跑步。以上大多数汉字与基础字"劦"发音相同，而其余汉字的发音也基本相同，都包含构成基础字的部首"leǐh"的第一个音 le。

由三个不同的部首组成的基础字

"合"，hǒ，意为汇集、组合、连接等，由三个不同汉字组成，即"人""一""口"，是最多产的基础字之一，可构成至少69个派生字。

佮，kǒ，与"人"合，意为聚合、折中。

冾，hëě，与"冰"合，意为适度的、调和的。

㓻，keǎ，与"刀"合，意为陷落、毁坏。古时指切割。

匌，hǒ，与"包"合，意为不断环绕，买卖等。

匼，gan，与"匚"（指一种盛物的器具）合，意为谄媚。

厒，hǒ，与"厂"（指洞穴等）合，意为放置、储存。

哈，gǒ，与"口"合，意为捕到的大量鱼，或指鱼的嘴，也指把东西吸进嘴里。

姶，hö，与"女"合，指美好的女子。

㝓，hǒ，与"宀"（指屋顶）合，意为闭上。

庿，hǒ，与"广"（指草屋）合，意为环绕、不断循环。

峆，hǒ，与"山"合，峆崻，意为多山的。

帢，keǎ，与"巾"合，头上戴的一种帽子。

弇，yen，与"廾"（指双手合在一起）合，意为覆盖。

㢎，hëě，与"弓"合，意为结实的弓。

佮，hǒ，与"彳"合，古时指汇集等。

恰，keǎ，与"心"合，意为

费尽心血的。

念，keǐh，将"心"置于下方，意为汇集、联合等。

敆，hǒ，与"攴"（指轻轻击打）合，意为汇集。

斜，hǎ，与"斗"（指量词）合，意为进入。

扂，hǒ，与"户"合，意为闭门、关门。

拾，shǐh，与"手"合，意为收集或收割花朵、果实等。

拿，na，将"手"置于下方，"拏"的俗字，意为取、收。

晵，chǎ，与"日"合，指日光。

欲，hǎ，与"欠"合，意为吸入口中，也指品尝。

毬，hǒ，与"毛"合，指眼睫毛。

栿，hǒ，与"木"合，意为剑匣。

洽，hea，与"水"合，意为

浸润。比喻意义为给予好处。

焓，hǎ，与"火"合，意为炽烈的。

牪，shay，与"牛"合，指一种宗教仪式，也指低声重复。

猣，ta，与"犭"（指犬）合，指狗吃东西的样子。

玬，heā，与"玉"合，指乌龟，也指斑驳的贝壳。发音为ya时，指半掩的门。

疨，tā，与"疒"合，意为肥胖。发音为hǒ时，意为寒病。

皲，tǎ，与"皮"合，意为皮肤皱。

盒，hǒ，与"皿"合，意为小盒子、开口小的容器。

眣，keǎ，与"目"合，指眼睛几乎闭上。一说指斜视。

硈，keǐh，与"石"合，指多

石头或岩石的。

祫，heǎ，与"示"合，指每三年举行一次的一种祭祀。

秮，hǒ，与"禾"合，意为种植、播种。

窬，hǒ，与"穴"合，意为联合、关闭。

答，tǎ，与"竹"合，指竹子做成的格栅，也指同意彼此，或回答、回应。

給，keǐh，与"糸"合，意为大量提供。

罟，nǎ，与"网"合，意为鸟网。发音为kǒ时同义。

翕，keǐh，与"羽"合，意为聚集、汇集。

翖，将"羽"置于右侧，发音及含义同上。

秜，hǒ，与"耒"合，意为翻松土壤以便播种。

舺，hǒ，与"舟"合，指船的移动。

蛤，kǒ，与"虫"合，指蛙。

袷，keǎ，与"衣"合，指双层无絮的衣物。

詥，hǒ，与"言"合，意为协定一致。

谷，hǒ，与"谷"合，指山相连。

貃，与"豸"（指野兽）合，无明确发音及含义。

趄，heǎ，与"走"合，跑的样子。

跲，keǎ，与"足"合，意为绊倒。

迨，hǒ，与"辶"合，指一起行走。

郃，hǒ，与"邑"（指城市）合，河名。

鉿，kǎ，与"金"合，指金属加工的声音，也指铃声。

閤，hǒ，与"門"合，指房中小门，或指女子的寝室。

雓，hǒ，与"隹"（指一种

鸟）合，指鸽子。

霫，heǎ，与"雨"合，意为完全浸湿。

鞈，keǎ，与"革"合，指皮革制成的胸甲。

韐，keǎ，与"韋"（指有毛的皮）合，韎韐，指一种护膝。

頜，kǒ，与"頁"合，指口，或下颌，下巴。

餄，keǎ，与"食"合，指一种糕饼。

鮯，kǒ，与"魚"合，指一种鱼。

鴿，kǒ，与"鳥"合，指鸽子。

鼛，tǎ，与"鼓"合，指鼓声。

齁，hǒ，与"鼻"合，齁齁，指鼻息。

齃，tǎ，与"齒"合，意为吃。发音为 hǒ 时同义。

龕，kan，与"龍"合，意为存放。也指像龙一样。

以上 69 个字中有将近 30 个字的发音与基础字相同，只有 10 个字的声母及韵母都与基础字不同[1]。容易看出，"分类"或"组合""关闭的"等大体含义通过某种方式与大部分构形字进行结合，表示合体字的含义。

第四类基础字

下列基础字属于第四类，此类汉字就是上述部分基础字的派生字。第 594 页[2]中，有两个基础字由基础字"今"

---

[1]　按照原文表格中所标注的拼音，应有 27 个字的声母与韵母都和基础字不同。——译注

[2]　即本节前文内容。——译注

构成，其中一个是"贪"，tan，意为渴望的、贪婪的，是由意为宝贝的"貝"和"今"组合而成，可构成5个派生字。

傝，tan，与"人"合，傝侏，意为痴呆。

噉，tan，与"口"合，指一种声音。也指喧嚣。

歛，与"欠"合，"貪"的俗字。

澹，tan，与"水"合，水名。

篒，tan，与"竹"合，指一种竹子。

另一个是形容词"酓"，yen，意为装满酒的，是将"今"置于意为扩展的"酉"之上，可构成9个[①]派生字。

媮，han，与"女"合，意为隐藏的危险。发音为yen时同义。

嶜，与"山"合，嶜嶈，意为多山的。

歕，yen，与"欠"合，古时的"饮"。

盦，ǒ，与"皿"合，意为覆盖。发音为gan时同义。

譀，gan，与"言"合，男子名。

雗，kan或gan，与"隹"合，鹑鹑，一种鸟。

馠，gan，与"音"合，指小声。

鶾，gan，即鹤鹑。

下面5个例子说明了第四类基础字的最后一种，即前文所

谓派生字的派生字。如果追溯基础字"吅"的来源便显而易见。

吅，heuen，据《说文解字》意为惊吓，据《玉篇》意为喧嚣，是由两个"口"组成，可构成 7 个派生字。其中一个是再加一个"口"，形成"品"，pin，意为顺序、等级、种类、程度等，关于此字，词典编纂者认为"二口则生讼，三口乃能品量"。

偘，kan，与"人"合，意为满意的，也指不求赞誉之人。

區，keu，与"匚"合，意为隐匿，也指藏物处，或小屋。

嵒，嵓，gan，与"山"合，意为石窟或山洞。将"山"置于上方时同义。

碞，gan，与"石"合，意为悬崖，或危险的。

菇，foo，与"草"合，菇蕌，意为青葱的，也指美丽的。

闙，pan，与"門"合，意为从门中看。

饕，haou，与"食"合，意为贪财或贪食。

第三代派生字"區"可构成至少 47 个派生字，列出全部只会使读者厌烦。因此，我们列举其中 3 个，这 3 个字也成为了基础字。

奩，leën，与"大"合，意为藏香之器。又据《韵会》，意为镜匣。

歐，gow，与"欠"合，意为缓解胃部。也指气出而歌。

藲，kew，与"草"合，指一种树。

以上 3 个第四代派生字在某种程度上成为了基础字，其中一个可派生 2 个字，另外两个分别可派生 1 个字。

蓝，kew，指一种树。

欚，gow，与"木"合，指一种荆棘。	薀，gow，与"水"合，意为饮水。

歐，gow，意为缓解胃部，与"衣"合，构成"襖"，gow，指围在小孩脖子上用来接口水的布。

奩，leën，意为镜匣等，与"木"合，构成"櫣"，keën，指一种过滤器。

汉字就是这样彼此组合而成。看似很复杂，但在其他语言中也不乏其例。可以举出很多希腊语单词的例子，其构成方式同样复杂。词根 ςαω 或 ιςημι，意为站立，构成的派生词比汉语的任一基础字都要多。其中一个是很常见的单词 ανιςημι，意为再次起立，可构成的派生词数量也很可观。而第三代派生词 εξανιςημι 也是基础词，构成 χατεξανιςημι、μετεξανιςημι、προεξανιςημι 等词。同样，διδωμι，意为给予，派生出 εχδοτος，意为发表或出版；由这个基础词又派生出其他单词，其中有个单词 ανεχδοτος 已引入英语中，指尚未有定论的事情，即 anecdote（轶事）。γραφω，意为写作，同样派生出 παραγραφω，即 paragraph（段落），并随之派生出 προςπαραγραφω、αντιπαραγραφω 等词。还有其他例子可说明派生词是在希腊语基础词上添加小品词、形容词、名词或介词构成，但以上例子已经足够。梵语中也有类似的构词法，但是没有必要再用目前已鲜为人知的语言中的例子让读者厌烦。

从基础字和派生字关系的角度看，汉字构造经过了有意设计是毋庸置疑的。这一点在拉丁语和希腊语中同样明显，大量拉丁语动词是由动词词根构成的，各种希腊语派生词是来自各自的基础词。事实上，对于一种由大约 1600 个字根组成、且一个字根所构成的派生字不到 70 个的语言来说，如果构字时完全不考虑部件的含义，这在整个语言学界也从未有过。哪怕所列举的派生字中只有三分之一明显是有意设计而成，也足以确立事实的真相；因为如果有三分之一汉字明显是有意设计而成，那么这种方式有何理由不贯穿整个语言呢？汉字的发明者是否乐于挑选汉字以表示想要的新含义，是另一回事；但似乎已经可以证明这就是他们的目标，且还需要从对汉语的每一次新的考察中获得更多的证据。

然而，构字部件之间有着特殊的关联。这种关联并不像其他语言中的复合词那样，不太可能稍加考虑就明白。什么样的语言，通过组合 1000 多个字，就可以为每一个有形和无形的事物命名呢？这种关联也不完全是其他语言中那种介词和动词间的关联。在任何语言中，与动词组合的介词很少超过 20 个（其中还有几个表示的含义基本相同），作用通常仅限于标记与动词相关的情境、强化其力度，或是颠倒其含义。汉语则远不止于此。基础字表示大体的概念，与自然界最强大的事物进行组合，如日、月、火、水、手、心等，以表达新的概念；正是这样，试图将两个已知概念进行组合以形成新概念，大体上形成了汉语。然而，就简明性而言，这种表达概念的方式会有各种层次。

有些合体字很难追溯其来源，而有的则和希腊语中介词及动词的关系类似，还有少数字几乎接近复合词的清晰程度。

至于基础字和构形字进行组合产生新汉字的方式，我们看到在少数情况下似乎是构形字占主导地位；但是可能在更多情况下，是基础字将大体概念传递给各种构形字，从而或明或暗地表示想表达的概念。我们大概可以从构形字与基础字的数量差异中看出这点。构形字（即部首）的数量仅为214个，其中常用的不到80个；而如果算上第四类基础字即派生基础字，那么基础字就有1600多个；即使不算第四类，也有近1200个。如此，相对于认为汉语是由80个概念通过四五百种变换方式而形成，认为汉语是由1200个概念通过10种、20种或30种变换方式而形成似乎更为合理。我们还看到，新构成的汉字很少沿用构形字的读音，在此给出的240个派生字中只有5个沿用了构形字的读音，而其中有一半的汉字都沿用了基础字的读音；其余汉字也沿用了基础字的声母或者韵母。无论基础字如何变换，也不管其含义如何隐晦，这一点都符合保留基础字大体概念的想法。但是如果完全不保留基础字的概念，将会使整个汉语形成永久的不协调。

应当特别留意基础字将其读音赋予派生字这一点。但并非所有情况都是如此。如果语言能够提供足够的储备，那么基础字每一种新的变换都可赋予一个新的读音。不过，既然单个汉字从未使用过复合音节的读音，那么尽管汉语所包含的音节足够给每个派生字提供新的读音（因任一基础字所派生的汉字最多不超过70个），但如果多少要保留基础字的概念，为符合汉语体系，还是仅需要改变声母、韵母和送气音。通常情况下都是如此；如果行不通，便经常采用与基础字相同的读音，而不采用完全陌生的读音。采用完全陌生读音的例子很少，在已给出的 240 个派生汉字中只有 20 个。不过仅有的这些读音变化足以涵盖所有汉语单音节字。

关于读音的这一事实非常重要，它不但确定了基础字的存在，而且能够指明拥有相同读音的汉字。对于一种 30000 个字只使用了不到 100 个不同音节的语言来说，通过对使用相同音节的汉字进行恰当研究，可以得出不可能同时形成 30000 个汉字的结论。即使不同汉字不进行组合，创造出 30000 个不同的概念，并通过适当的书写符号将它们区分，也不可能是一代人或一个时代的产物。稍做思考即可明白，在人类想到组合汉字之前，在需要组合汉字的情况初现之前，单个汉字的作用肯定已为人所知。早期汉语作品使用的汉字数量相对较少。孔子所有的作品仅包含 3000 个不同的汉字。因此，可能存在一段所有汉字数量不到 3000 的时期。那我们是否也能假设当时已知的汉字发音只有现在的十分之一，且当时口语表达只包含 70 个音节呢？当时使用的音节数量有可能与现在相当吗？如果真是这样，这些音节最初应该用在不到 3000 个汉字上；如果我们能找到这些汉字，就有了汉语的基础字。是否有办法能让我们确定这些基础字呢？我认为是有的。显然，两个汉字必须先存在，才能进行组合；如果它们存在，可假定是有读音的。当我们找到 20 个具有相同读音的汉字时，基本可以确定最简单的那个汉字就是此读音的最初归属，特别是当这个汉字完完整整地保留在其他 19 个汉字当中时。可以举例说明这一点："我"字可构成 26 个读音相同的派生字。即有 27 个读音相同的汉字。这其中有一个字完整地出现在其他 26 个字中。那么这 27 个汉字中最先出现的是哪一个呢？难道那个通过加上构形字从而形成其他 26 个字的汉字不是早在构字之前就已经存在了吗？但它出现时是否没有读音，或者是否有证据表明它曾有其他读音？显然，这个字就是 27 个汉字中最先出现，并最先具有这个读音的，而其他汉字则是后来通过各种方式沿用此读音。前三类基础字，数量约为 1200 个，是选自我们所谓的原始汉字，这三类基础字包括几乎所有汉语发音，平均约两个汉字对应同一个读音；而 200 多个部首包括近 150 个读音。但是在此给出的前 9 个基础字，包含 213 个派生字，其读音，包括声母及韵母的每种变化，却很少超过 30 个音节。为什么数量相同的汉字会有这种惊人的发音差异？仅仅因为前者是最先获得读音的基础字，而后者不是吗？在此我们有两个特征可以与读音结合起来确定汉语的基础字，一是其形式更为简单，二是可以和其他汉字组成派生字。

我十分清楚，读音的变化及形式的更简还不足以让一个汉字置于基础字之列。但是同时具备这两种特征的汉字则可置于原始汉字之列，这一点也直接体现在我们在此所说的形式更简。形式更简并不意味着某些汉字由 10 笔组成，而其他则是 9 笔，还有的是 8 笔或 6 笔。在此所谓的形式更简的汉字，要么包含一个部首，再加上一个本身无意义的部件，要么包含两个部首。除此之外的其他所有汉字都是和另一个汉字而非一两个笔画进行组合，因此它们要么由两个有含义的汉字组成，即一个原始的不可分割的汉字加上另一个汉字，要么由三个有含义的汉字组成，即两个部首组合后再加上另一个汉字。因此，这种更简的形式构成了一种清晰而不可磨灭的特征。基础字和上文提到的其他原始汉字普遍拥有这种特征，它们也因此都被认定为原始汉字，因为除了 214 个部首外，追溯不到任何源头。但要成为真正的基础字，必须能构成派生字。一个基础字能派生 3 个至 69 个汉字，而其他原始汉字尽管形式上同样简单，却不能派生汉字。因此，同时具备三种特征，即读音的变化、形式的更简以及派生字的构成，使基础字与其他所有汉字区别开来。

这一事实似乎显而易见。如果有人认为部首或基础字中读音的变化并不能证明什么，那么自然是认为单凭读音的变化证明不了什么，但是如果和上文提到的其他两个特征相结合，那么似乎可以证明关于此问题的一切。如果有人主张可以从大量汉字中挑选出包含 150 种读音的 214 个汉字，或者挑选出可涵盖所有汉语发音的 1200 个汉字，就认为这是容易做到的。但这些就是形式最简单的汉字吗？如果是的话，那么这 1200 个汉字中的每个汉字是否都能在自身字形完整的情况下组成 3 个至 70 个其他汉字呢？如果不能，那么问题就明确了；它们要么是没有派生字的原始汉字，要么本身就是派生字。如果本身是派生字，那它们的读音就并非本身所有，而是借于基础字。因为大多数基础字会把读音传给至少一个派生字，仔细挑出这些派生字而剔除其他汉字，有可能选出具有 1200 个基础字读音的 1200 个派生字。但是它们的形式不会像基础字一样简单；所添加的部首会暴露它们的虚假；它们也更不会发挥基础字的作用，构成其他派生字。已举过的例子可清楚地说明这一点。
"俄"（go），意为短暂的，与其基础字"我"（go）的读音完全
相同；但它们的形式同样简单吗？难道加上"亻"没有充分暴
露它派生字的本性吗？去掉"亻"后得到的不正是基础字"我"
吗？而且，"俄"具有其基础字"我"的作用吗？其他27个派
生字有任何一个包括"俄"吗？每个派生字都包括吗？全都在
某种程度上含有"俄"的意思吗？我还要进一步说明，并承认，
派生字可能会具有不同于其基础字的读音；意为谄媚的"匜"
（gan）就是如此。如果汉语中有足够多这样的汉字，那么它们
可能会被挑选出来，并包含所有的汉语发音。但这些汉字是否
包括上文提到的其他特征呢？它们是具有这一读音的形式最简
单的汉字吗？它们全都能发挥基础字的作用，构成10个、20个
或50个其他汉字吗？它们只要能和3个汉字组合，就会是第四
类基础字中所描述的派生基础字，而这样的汉字不到600个。
因此，形式更简单、构成大量派生字的特征，同时存在于几乎
包含了所有汉语读音的1200个基础字中，而且仅存在于基础
字中。如果构成汉字的重要部件确实在相互组合之前就已存在，
那么这些特征都无可争辩地将它们确定为原始汉字，而所有其
他汉字都是由这些原始汉字（少数其他原始汉字除外）通过上
文描述的方式所形成的。

　　因此，通过汇集一些分散的已知线索，可以追溯汉语这门
独特语言的起源，即对自然事物的一些模仿，主要是部首——
可以确定这些部首彼此组成基础字的原则——且可以理解这些
基础字再次与部首进行组合而形成大量派生字；其中有些派生

字又重新和部首组合，达到五六个汉字相互结合。由此我们或许可以相信一位中国作家所说的，汉语不但清晰有力，而且达到了最高程度的丰富和优雅。

第六章　汉语词汇与语法

第一节　汉语词汇语法特征 [①]

此文摘自《定期杂闻录与少年进德录》（Periodical Miscellany and Juvenile Instructor）第一卷中五篇相连的文章，分别位于第 154 页、181 页、205 页、229 页与 278 页。为整合为一篇文章，我们做了些许改动，相信作者能够理解。《定期杂闻录与少年进德录》第二卷亦有文章精选了汉语虚词，进行语言学的考察，见第 53 页、82 页、102 页、126 页、151 页与 206 页。

人们常说"汉语无语法"，如果此话意指汉语并不像其他语言一样，以形态变化区分不同词性，则并无过错。然而，汉语所有词性都可以根据助词的使用或是每个词在句中的位置明确表示出来。此外，汉语句子有其语法结构，破坏这些结构便违反了汉语句法。汉语这门语言的独特之处似乎在于：同一个词

---

① 译自 1839 年 11 月《中国丛报》第 8 卷第 7 期第 4 篇。作者署名为 Anglo-Sinicus（英华者），实际为台约尔（Samuel Dyer，1804—1843），又译撒母耳·戴尔，英国传教士，曾被派往南洋向华侨传教。原文标题为：汉语语法结构；通用虚词及表音虚词；名词的结构；顺读；动词的使用等。——译注

无须进行任何形式变化，便可充当名词、动词、副词甚至其他词性。因此，单独来说，无法说清一个词是名词、动词或其他词性，但如果把该词置于连用形式中，其含义便如其他语言中的词一样明确。

以"之"字为例。"之"是汉语中最常见的汉字，可表示他（宾格）、她（宾格）、它（宾格）、他 / 她 / 它们（宾格）以及所属关系。"之"通常位于两个词之间，如 the civil war's（之）cause was this（内战之原因为此）。当"之"处于这个位置时，其含义便确定为所有格。如果调换"之"前后两个名词的位置，则所有格形式 's 便会变成希伯来语中的 in regimine。如果"之"接在一个明确的动词后，其含义便是代词。然而其所指究竟是阳性、阴性还是中性，是单数还是复数，则要根据话语的主题而定。除这两种主要含义外，"之"还有一些转化的含义，在此无须赘言，已可说明上文的主张，即虽然许多汉字单独来看含义不明，但其所处位置可明其含义。这一论断在一定程度上也适用于我们自己的语言。例如，单词"light"在句中某个位置时是名词，换个位置则为动词，再换个位置又是形容词。这在英语中很少见，汉语中却很常见。

"数"的情况也是如此。以 sheep（羊）、deer（鹿）、scissors（剪刀）等词为例。抽象来说，它们既可指单数，也可指复数，具体须由语境决定。在英语中，这些词是一般规则之外的特例，但当使用时，确定它们的单复数不会让人感到困难或犹豫，决定它们数量的可能是话语的主题，可能是引入的数词、冠词或单复数形容词。我们认为英语中名词的"数"十分明确，而英语中的特例在汉语中却是一般规则。

　　动词也存在类似情况。例如，根据语境，动词"read（阅读）"可表示现在、过去或将来。在句子"I read the book you lent me; it is well written（我读了你借给我的书，写得很好）"中，"read"是过去时，因为只有在阅读这一动作之后才能做出评论。"You read too fast（你读得太快了）"这句的时态是过去或现在。"Will you read the book？（你能读读这本书吗？）"这句明显是将来时。在上述三种情况中，同一单词"read"并未发生任何变化。这个词在英语中是一般规则之外的特例，但一种语言中的例外则可能是另一种语言的规则。

　　因此汉语的语法结构尽管独特，仍不免与欧洲语言有相似之处。给每个词划分词性，其实并不像不懂汉语的人所想的那么困难。

　　汉语中成百上千的词只有一个确切含义，但仍有一些惯用语的例外。在英语中也有相似情况，我们一般称"man"为名词，而这个词也有其他用法。在短语"to man a ship"中，"man"用作动词。这一例外并不妨碍我们将"man"认定为名词，因为即使阅读大量书籍可能也见不到这一习语，而"man"仅在这一习语中才作为动词形式。

　　经过上述初步论述，我们继续讨论部分词性的构成方式，目前我们的主要观点是，汉语的结构虽然独特，但也很明确。先从名词说起。为数众多的名词都是由我们所谓的"构词字"组成，即与具有基本含义的字连用构成，这些字有两种情况：一是表示某种一般含义的虚词；二是表音虚词。第一种情况又可分为几类。

1.添加"气"字，表示：

（1）精神状态，如：

"怒"加"气"得"怒气"；

"正"加"气"得"正气"；

"勇"加"气"得"勇气"；

"忍"加"气"得"忍气"；

"怨"加"气"得"怨气"。

（2）表示天文现象或表象，如：

"天"加"气"得"天气"。

2.添加"色"字，表示：

（1）与人或物的外表或外观有关，如：

"严"加"色"得"严色"；

"月"加"色"得"月色"；

"天"加"色"得"天色"；

"面"加"色"得"面色"。

（2）构成不好的含义，如：

"倦"加"色"得"倦色"；

"酒"加"色"得"酒色"；

"怯"加"色"得"怯色"；

"狠"加"色"得"狠色"。

3.添加"夫"，和英语中搭配名词的"man"相对应，如：

"村"加"夫"得"村夫"；

"樵"加"夫"得"樵夫"；

"挑"加"夫"得"挑夫"；

"船"加"夫"得"船夫"；

"百"加"夫"得"百夫（长）"；

"马"加"夫"得"马夫"；

"屠"加"夫"得"屠夫"。

4. 添加"者"，与英语名词中的"er"对应，如：

"医"加"者"得"医者"；

"侍"加"者"得"侍者"；

"卜"加"者"得"卜者"；

"观"加"者"得"观者"；

"谍"加"者"得"谍者"。

5. 添加"匠"，表示手艺工人，如：

"漆"加"匠"得"漆匠"；

"金"加"匠"得"金匠"；

"铁"加"匠"得"铁匠"；

"木"加"匠"得"木匠"；

"石"加"匠"得"石匠"；

"锡"加"匠"得"锡匠"；

"铜"加"匠"得"铜匠"；

"桶"加"匠"得"桶匠"。

在此所列举的用于构成名词的虚词绝非上文所列各类的全部，但我们已说明了其原理，足以体现我们的用意。我们继续探讨表音虚词。这些词并不自带任何特殊含义，但通常会使前面的词具有名词形式。如表示孩子的"子"，可形成下列名词：

桌子；凿子；

矛子；笼子；

箭子；棍子。

很多时候"子"跟在另一个名词后会有实质含义，但不难判断何时是表音，何时不是。我们现在仅再举一例。如表示孩子的"儿"字，如：

针儿；门儿；

滴儿；鹿儿；

兔儿。

但需要注意的是，这些表音虚词在通俗文学作品以及口语风格的作品中最常见，在一些经典文学作品中也偶尔出现。

讨论完名词的结构，我们接着再探讨下名词的性、数和格。关于性别的构成，有四种方式值得注意：1. 男性和女性各有其专属词；2. 表示性的虚词作为前缀；3. 表示性的虚词作为后缀；4. 在性别后添加一个特别的虚词。

第一种情况，可见以下几例：英雄，巾帼；王，后；皇帝，皇后；凤，凰；麒，麟等。

第二种情况，表示性别的虚词作为前缀，如男人，女人。

第三种情况，表示性别的虚词作为后缀，如马公，马母。

第四种情况，在性别后添加一个特别的虚词，如王，王后；皇，皇后。

第一种情况，我们很快就能在英语中找到与汉语对应的词，不计其数。第三种情况，可在拉丁语和希腊语中找到小部分类似的词，这时两种性别中都含有词根，而词尾为一种性别专有；

只是在拉丁语和希腊语中，词尾与词根组合为一个词，但在汉语中，是由两个不同的词并列组成。

接下来，我们讨论名词的数。我们注意到有四种构成复数的方式：1. 在单数词前添加数词；2. 添加复数词做后缀；3. 重复该名词；4. 通过文章语境传达复数含义。

1. 添加数词，如皇和两，即两个皇帝。

2. 添加复数词，如人，人类；他，他们；官，官员；鞑靼，鞑靼部。

3. 重复该名词，如种，种种；人，人人；家，家家。

4. 通过文章语境传达复数含义，如：在一个繁星璀璨的夜晚，他向他的士兵走去；他年轻时总喜欢和村里的小男孩一起玩；最重要的是赢得大众的心。在这几句中，很容易看出"士兵""男孩"和"心"这三个词肯定表示复数含义。

关于汉语名词的格，我们并无太多评述。主格通常置于动词之前，宾格则紧随其后。与格和离格由相应的介词构成，有的介词是直接表达出来的，有的是通过理解得出的。属格的构成方式在前文已有所暗示。而呼格需要格外注意。依我之见，可以说在我们的圣经汉语译本中，对呼格的构成方式颇为忽视，至少在历史部分如此。东方习惯用第三人称，而我们西方喜欢用第二人称，而这种东方风格盛行于中国史书及大量其他书籍之中，例如：

Let my dear child come and pay his respects to this gentleman（让我亲爱的孩子来向这位绅士致敬）。对比：*My dear child*, come and pay your respects to this gentleman（我亲爱的孩子，来

向位绅士致敬）。

Mr.C said, how does *this villain* dare to rail at me（C 先生说，这坏人竟敢指责我）？ 对比：Mr.C said, *you villain* how do you dare to rail at me（C 先生说，你这坏人，竟敢指责我）？

Where is my friend going（我朋友要去哪里）？ 对比：Friend, where are you going（朋友，你要去哪里）？

中国的作者通常在有呼格的句子中添加诸如恳请、希望、期待等词，如：

I request master to help me（我恳请大师帮我）。

I hope master will help me（我希望大师能帮我）。

I expect master will help me（我期待大师能帮我）。

对比：Master help me（大师帮我）。

我们认为，为了语言习惯的需要而用第三人称来代替第一和第二人称并未违背翻译的忠实原则，保留西方的语言习惯常常会导致译文晦涩难懂，而这恰恰是译者希望避免的。保留西方语言习惯，所获无几，所失更多；而替换为东方语言习惯，则所失更少，所得更多。

我们还要通过一个值得特别关注的发现，对汉语动词进行一番评述。在汉语文章中，我们应多加关注"顺读"，即表达流畅。很多用于启发中国人的基督教书籍在此方面尤为欠缺。当地人称这些书"无顺读"，即语言不够流畅。在了解到这是传教士写给中国人的文章中的典型问题后，应格外注意避免犯此错误。在很大程度上，为了做到顺读，似乎许多的汉语词，尤其是动词，都是由两个几乎同义的字并列构成。我们说"几乎"

同义，是因为就像其他语言一样，汉语中两个字完全同义的情况是很少见的。大多数情况下，我们都认为不必使用这种双重词来阐明含义，但对于已经熟悉经典汉语文章读法的人而言，这些双重词若运用得当，便十分舒适悦耳。忽视此种用法或使用不当，则会显得毫无修养。

汉语动词的构成可分为以下几类。

1. 由两个近义汉字组成的动词。

（1）两个汉字在字形上没有明显的关联，如：

"搬移"表示换位；

"观看"表示看；

"窥看"表示暗中查看；

"看见"表示见到；

"寻觅"表示寻找；

"瞒骗"表示欺骗；

"辩别"表示区别。

（2）在字形上，两个字的部首或偏旁相互关联，如：

"跳跃"表示跳来跳去，每个字都有含"脚的活动"之意的部首；

"遨游"表示漫游，每个字皆有"从一地向另一地移动"之意；

"训诲"训表示教导，此处部首含义为"言辞"，即训导的方式。

第二类与第一类之间的差异可能意义不大，但是只要存在差异，哪怕是出于偶然，也应当稍加留意。翻译《圣经》时，在可行的情况下，注重同源词运用的人便可以缩小这一差异。

（3）重复同一个动词，其形式恰似希伯来语语法中的 piel 附缀式，如：

"看看"表示认真地看；

"休休"表示完全限制。

（4）将两个字分别重复一遍，如：

"哭哭啼啼"表示十分伤心地哭泣和悲叹。

2. 由通用字和一个具体字合成的动词。

（1）通用字在前。如意为敲击的"打"，表示动作，例如：

打造；打瞌睡；

打听；打量；

打扫；打发；

打扮；打理。

（2）通用字在后。如表示停止的通用字"住"，传达的是"阻止"的含义，如：

锁住，指快速地上锁；

抓住，指紧紧地抓；

留住，指让某人停在原地；

拦住，指阻挡一个人前进；

抱住，指快速地用手臂围住。

又如升起的"起"字，传达的含义为向上、上升，如：

想起，指脑海里产生想法；

拔起，指从地上拽起；

升起，指点火使烟上升，或使响声提高。

以上这些例子足以说明汉语动词的总体特性，也说明了重视恰当使用通用字的必要性。构词不当会让读者见笑，哪怕在英语中也是如此。假如一个外国人使用"listen fast"（迅速听）这样的表达，虽然我们能明白他的意思，但他应该说 listen attentively 或 eagerly（专心、专注地听），这两个才是与该动词恰当搭配的词。同样的道理到处都适用。

我们特别强调这一点，因为这正是欧洲人容易犯错的地方，做翻译时尤其如此。比如要翻译"offer sacrifice（献出祭品）"时，找到表示"to offer"和"sacrifice"意思的汉语词，然后将它们组合在一起，我们就以为是像英语一样好的汉语了。但是，汉语的"献出"可能仅指身份地位低的人把东西给身份地位高的人，而用于表示献出祭品的词所表达的含义是"把祭品摆放整齐，表示对神的忠诚"。如果一个中国人将自己的书翻译成英语时，用了"they came to the temple and *placed* sacrifices（他们来到寺庙，放下了祭品）"这样的表达，而没有使用"offered（献出了）"一词，我们会忍俊不禁。而他若对英语没有透彻了解，那么他很容易再三犯类似错误，这也是基督教传教士无数次犯的错误。

我们经常想，如果能出版一本学习手册，包括名词及与其搭配的副词等各种分类表达，这会对汉语学习者大有裨益。没有哪一种语言像汉语一样急需这样的学习手册了。这是因为汉语用词精练，存在大量的近义词和反义词，以及尽管只有一种书面语，却有着多种多样的方言。这些原因凸显了这样一本手册的必要性。

　　值得注意的是，在中国的学校里，课文中有着大量的对偶词，孩子们在眷抄课文时，就已经被要求背诵。他们长大后，这些词便可供使用。在此补充一点，用词恰当和顺读之所以格外值得关注，是因为它们之间的矛盾正是许多中国学者所争论的问题。

　　讨论完汉语动词的结构，我们再来看看动词的造句。需要记住的是，动词本身并不会发生可以表达语态、语气、时态、数和人称的改变，但是可以通过使用前缀或后缀的助词和虚词来实现这些改变。也许我们不应忽略小小的半圆形符号"，"，有时它被标在某些汉字的角落，表示汉字的读音。如表示改变的"易（yih）"字，在加了这一符号后变成"**易**"，读作"e"，表示容易。这一符号在一定程度上能够帮助读者，因为这个符号在汉字的一个角落时，发某一含义的音，而在该字的另一个角落时，又发另一含义的音。尽管如此，仍然不能将这个符号视为词的曲折变化。

　　各种语态、语气、时态、数和人称，都有相应的虚词，且每个词在句子中都有各自的顺序。详细探讨各种因素带来的顺序改变过于乏味，在此简要讨论便足以达到本文的目的。

　　语态。一般使用修饰语"被"和"受"将被动语态与主动语态区别开来，"被"和"受"意为接受，表示某物受某作用的影响。比如"The villain was cut in twain by my sword"就是"这个坏人被我的剑斩成了两半"。

　　语气。陈述语气是动词的简单形式，祈使语气、可能语气和虚拟语气是简单形式的变体，由祈使、可能和虚拟副词来表达。动词不定式通常是两个动词中的后一个，通过在句中的位置来进行修饰。

时态。现在时、过去时和将来时同样也有各自的虚词，但是汉语无法像希腊语一样通过曲折变化精准地表达时间，汉语的说法十分累赘。

数和人称。多数情况下，出现数或人称的时候，动词与修饰语的表达形式是一样的。

因此在汉语中，通过大量的助词、虚词和修饰语来表达一定含义，而其他语言则是通过词尾的屈折变化来表达，至少部分如此。存在动词"to be（是）"可由五个以上不同的汉字表达，且通常难以解释为什么使用某一种表达形式而非另一种，这些表达形式也不能不加区分地随意使用。人称代词和很多其他词也是如此。因此，要将大量单词及短语的结构归纳为明确的规则绝非易事。然而，如果能像下面的例子一样，列出若干常见的助词，且在每个词后举出四五十个的例子，将会大有帮助。这些例子可组成一本汉语学习手册，比根据这些例子归纳出的规则要更加实用。

乃

吾师乃青之后。

刘景升乃我主之兄也。

汝主乃钱塘小吏之子。

子敬乃高明之士。

某知皇叔乃仁义之人。

子敬乃诚实人也。

此乃周瑜之计。

他乃二乔之父。

吾主乃大汉皇帝。

皇帝乃当世英雄。

孙权乃大孝之人。

此乃天下第一江山也。

为

他欲以此为名。

不如真个招他为婿。

他将他砍为两段。

是

岂独是汝东吴之为？

甚是不便。

正是如此。

这些句子选自同一位中国作者，似乎这些存在动词的运用有一个明显的特性，不过必须承认下列推论有例外情况。1. 存在动词"乃"通常用于肯定，特别是对人和物的描述。2. 存在动词"为"通常放在另一个动词后面，使其变为不定式。3. 存在动词"是"则常与副词搭配，特别是表示顺序和数量的副词。

这些推断对于其他作者的句子是否成立？对于同一作者的其他句子是否成立？我们目前并不确定。眼下我们只是要说明：在这种几乎没有明显的一般规则的语言中，提供一本上述的学习手册，会对汉语学习者有很大帮助。

本来我们希望就其他两个与汉语语法结构有关的主题，即对应虚词和形式虚词进行讨论，但我们发现要说明这两个主题，如果不先介绍大量汉字的话是没办法实现的，因为将这些虚词的含义用另一语言来表示是很困难或不可能的。因此我们目前只能满足于一些笼统的讨论。这些对应虚词与上文提到的对偶词是不同的。对偶词大多是相反或相近的，而对应虚词则是连接词，将意义上有对应关系的句子连在一起，这种对应关系可能是转折、承接，或者有时仅是并列而已。通常汉语作品中最容易让人困惑的是断句。读者常常碰到一个虚词，会以为这是一句话的开始，接着阅读几个字后，发现和前面的虚词对应的另一个虚词时，他才明白是在前面的汉字停顿；继续读下去，看到一个形式虚词，这才明白整个句子在此结束。虽然并非所有句子都能这样完美断句，但是当这些虚词出现时，发挥的就是这个作用。基督教书籍的断句很有规律，并不需要这些虚词来帮助断句，但是仍需要它们来给句子恰当的转折；使用得当，才能凸显汉语简单和谐的韵律，汉语本就以此著称。此外，比起我们西方精细的标点符号，以汉语为母语的人会更容易受到虚词的引导而停顿。因此汉语学习者有必要认真学习这些虚词。同样，将汉语母语作者的虚词运用方式列表解释，会对汉语学习者大有帮助。这些对应虚词不禁让人联想到希腊语中的对应虚词。它们的使用方式基本相同，但是汉语的虚词数量更多，有时意义更加含糊，尽管表达一种特殊的含义，但如果漏掉这些虚词，优秀的中国士人会很快发觉。

至于形式虚词，中国人自己也认为要学会正确使用是很难的。在基督教书籍中，形式虚词可能是被误用最多的词。在阅读这些基督教书籍的时候，不难发现作者认为需要不时地使用形式虚词来结束一句话，而为了让句子多样化，作者会变换着使用形式虚词。这种说法或许刻薄，但是懂的人自然会同意这种说法。

本文中，我们对基督教传教士作品的偶尔苛责是希望此类作品能够日臻完善。这些作品已经带来很多好处，希望上帝保佑他们能再实现数以千倍的成就。但是这和我们指出作者所犯的错误毫不冲突。此举并非吹毛求疵，而是为了提供前车之鉴，正如水手在地图上标记他们可能碰到的浅滩和暗礁，并不是因为他们喜欢看到有危险标记的地图，而是要记下那些确实存在危险的地方，以便让查阅地图的人能小心避开。

第二节　汉语语法简述 [①]

举例是最好的教学方式，而论证则是最好的求证方式。我们希望，或者说我们的目标是，尽可能地用一系列例子来证明汉语不应该因为缺少一般原理和固定的结构规则而被视为一门与众不同的语言。就算汉语不像其他语言一样严格遵循规则，但也的确有自己的语言习惯。而且，这些语言用法是可以明确的。在写出上一期的初步论述时我们对此确信无疑，我们认为没有人会相信汉语是一门没有语法规则的语言。然而，这一点

① 译自 1840 年 11 月《中国丛报》第 9 卷第 7 期第 9 篇，作者裨治文。原文标题：关于汉语规则的补齐说明·各类名词列举。——译注

受到了强烈的质疑。我们清楚汉语的语法规则是确实存在的，很抱歉要继续在此文探讨这个主题。

有些人就汉语语法发表过的看法，在我们看来是错误的。例如，德庇时（John Francis Davis）[①]先生在中国与中国人打交道已有超过二十年之久，他指出："汉语的语法是极其有限的。"他还表示："汉语中能严格称为语法规则的东西屈指可数，因此汉语教学的最佳方式是举例，而不是教授规则。"详情请参阅德庇时《中国人：中华帝国及其居民概述》（*The Chinese: A General Description of the Empire of China, and its Inhabitants*，1836）第 2 卷，第 155—156 页。所谓语法就是一门语言中所有原理与规则的集合，它们均衍生于该语言的既定用法。换言之，语法是"语言真实结构的体现"，当代最出色的语法学家之一如此断言。中国人在拟定汉语的原则和规则方面所做出的努力远不及其他一些国家。他们更倾向于通过举例进行教学，通过实例来展示汉语的结构。正是因为这样一种对待汉语语法的方式才使得德庇时先生及其他一些学者，秉持我们认为是错误的观点，并宣称"汉语语法是极其有限的"。

我们不应否认中国人有任何的传统服饰或着装习惯，同样也不应质疑他们的口语和书面语中是否存在任何必须遵循的、明晰的思维表达方式、措辞习惯或习语。常识告诉我们，在使用思维符号时，我们必须承认固定用法的合理性和必要性。如果没有这些固定用法，那又如何能理解一串文字所表达的意

---

① 德庇时（John Francis Davis，1795—1890），又译戴维斯、爹核士等，英国人，曾任香港总督，并兼任英国驻华公使。——译注

思？如何进行对话交流？法律法规、事件的记录又该如何进行编写？正如中国的社会存在成文法和习惯法一样，中国的文学领域也存在所谓的成文的和不成文的规则。如同其他国家一样，他们的标准和规则来自本国最优秀的作家，以及本国受教育程度最高人士的主要用法。在文明生活的艺术中，中国人取得了瞩目的成就，使用着有史以来最丰富的语言之一，其著作数量可能比其他任何语言都多，难道他们会没有便于理解和定义清晰的用法来规范他们的措辞吗？汉语的源头可追溯到远古时期，如今有3亿人在使用，用汉语书写的各种著作涉及所有主要文献，如历史、法律、治国、贸易、教育、哲学、宗教等，这样的语言可能没有语法规则吗？有人听说过这种反常的事吗？这可能吗？

问题并不在于汉语的语法形式是否与其他语言的语法形式一致。东方人和西方人在很多方面都存在差异，且东方人内部之间也存在种种差异，而语言差异最为明显。他们的书面语和口语模式在许多细节上都不相同。汉语的独特之处在于汉字和句子的结构；但汉语又并非如多数人料想的那样与其他语言完全不同。使用汉语的最终目的与使用其他语言的目的是一样的，并且在大多数情况下汉语同样易于使用。现在需要探究的问题即为：汉语是否受语法规则约束？换言之，汉语有语法吗？

回答该问题最大的困难似乎来源于忽视语法的本质，或来源于认为为了配得上"语法"的名称，就得像那些知识渊博的先辈们所说的那样，必须"分为四个部分——正字学、词源学、句法学和韵律学"，并包括至少八种词性，且有动词变位、名词变格、词的"性"等。尽管这些在西方语言里是不可或缺的，但在汉语里，人们并不需要也不认可。在思考这个主题时应谨记：任何一门语言的语法规则都只是陈述这门语言的用法。换句话说，语法就是——并且也仅仅是——描述人们习惯于用来表达自己思想的各种方式。将构成一门语言的所有原理和规则汇集在一起，即刻展现在眼前的便是一个完整的语法体系——能体现该语言结构的完美示例。

如果这些补充说明还不足以让人信服，仍然有读者要质疑我们的观点，那我们希望——也恳求——读者能够不厌其烦地以书面形式说明质疑，并同时向我们证明汉语的确没有语法，或是中国人所说的"文法"。现在，我们继续从上一期结束的地方继续展开讨论。

根据《初学玉玲珑》[1]的观点，中国人将所有词划分为虚词和实词，其中实词包含名词与动词。而我们教科书中常见的语法四部分以及八种词性既不需要也不能很好地移植到汉语之中。

为了能够写出正确美观的汉字，汉语的书法艺术得到了用心钻研。然而，由于没有字母表，汉语丝毫不涉及字母的本质和属性，以及元音、辅音、双元音的发音等。词源学中涉及表达人称、数、格、性、时间、语式的单词屈折变化和变形，在汉语中都不存在。尽管如此，在字词的来源与构成方面，汉语又的确与希腊语和希伯来语等语言存在一定的相似性，这些语言均有基础词和次生词或派生词。

---

[1]　清代徐敬轩所编，为科举之参考书。——译注

李太郭（George Tradescant Lay）[①]先生在《中国丛报》（1838 年 9 月第 7 卷第 255 页[②]）中已讨论过该主题。然而，目前还没有足够深入的研究能确定这种相似性是否会给学生带来什么大的帮助。尽管现在的中国人往往忽略该主题，但他们并未完全无视它。在此将举一个例子来说明汉语的基础词和派生词体系。以"氐"字为例。

在马礼逊的字典中，"氐"的释义为：由"下降"和"直线"表示地面；到达地面；低的；低微的；根本；基本的；回到；抵达。

1. 氐：氐；低微的，根本的；

2. 低：人 - 氐；底层人，流浪汉；

3. 忯：心 - 氐；卑鄙的想法，卑劣行为；

4. 抵：手 - 氐；不正当的，狡猾的；

5. 柢：木 - 氐；树或植物的根部；

6. 砥：石 - 氐；基础，基本的；

7. 眡：目 - 氐；谦逊的，故意屈尊的，蔑视；

8. 舷：舟 - 氐；（可能指）船底，或船舱；

9. 觝：角 - 氐；把角放下，刺伤；

10. 诋：言 - 氐；粗俗语，诋毁，诽谤；

11. 秪：禾 - 氐；成熟后弯曲的谷物。

除上述汉字外，还有一些其他包含"氐"的汉字，但其中

---

① 李太郭（George Tradescant Lay，1799—1845），英国博物学家、传教士、外交官。——译注

② 即本书第八章第三节。——译注

有一些汉字如果不强行改动，无法按照与上述汉字相同的方式列出。从合体字的部件的字面含义所衍生出的意思并不总是与普遍的用法一致，简单来说，这些汉字"并非表达他们应表达的意思"。然而，有很多汉字，本身就是常见自然物体的名称，如日、月、木、水、人、马等，它们构成大量的合体字，通常会将本身的含义附加给这些合体字。因此，所有带"水"的汉字，均会与水有一定的联系。如果一个汉字含有"心"，则该汉字通常或多或少会与心脏或心智存在一定关联。因此将这类像"水"和"心"的汉字称为基础字应该是恰当且正确的，而那些由基础字构成的汉字则称为派生字。类似的例子还有"面"和"手"等，它们与其他汉字自由组合，形成复合汉字。在句子中，这些字可能用作动词或名词，或仅充当次要的修饰语。这就是汉语的巧妙之处：在汉语中仅有极少数的汉字可能无法或的确不能发挥这几种功能。然而，这也主要取决于这些汉字在句子中的位置。因此，汉语的句法——句式的因果关系——或者说是词和短语的前后顺序——构成了汉语语法中最重要的一个分支。但在展开句法的讨论之前，还是有必要更详细地了解一下汉字已有的三大分类。

　　首先来看名词，或"实字"①。事物或任何存在物的名称，都被语法学家称作名词。正因如此，名词的涵盖范围可谓与自然万物、艺术和想象力的总和一样宽广；此外，由于汉语的书写方式，名词的形式不能变化，因而没有任何标记或临时记号可

---

① 原文为"sze tsze"，根据拼音法应为"实字"，现多称为"实词"。——译注

以表示其他语言中所谓的数、性和格。它们的含义仅通过它们的位置和关系而发生变化，这些位置和关系最为重要，必须特别关注。

名词，或者说事物的名称，有时由一个字组成，有时也可能由两个、三个、四个或者更多字构成。这些名词可划分为很多类，例如称呼名词、普通名词等。单字名词的例子如下：

1. 理：道理，合理的，合理地，推理；

2. 明：亮度，明亮的，明亮地，照亮；

3. 盖：遮盖物，遮盖，大概（推测性虚词）。

这些例子说明单字既可以是名词，同时也可以作动词或"虚字"①——上文的"盖"就通常被用作虚词。

有时当两个字连在一起时，可能仅表达一个含义；但是，这样的两个字，就像上述单字例子一样，可能在结构上被用作名词、动词或仅作修饰语。以这种方式构成一个词的两个字被称作"蚬壳字"，也就是含有两个极其相似且紧密相连的字的词。以下例子就是如此。

1. 缱绻：联合，依恋，亲密，亲密地；

2. 踟蹰：窘境，犹豫，踌躇不决地；

3. 怡怡：和睦，和谐，和谐地；

4. 郁郁：典雅，优雅的，优雅地。

有时，就像例3和例4那样，两个字重复出现用于强调。因此"怡怡"意为十分和睦、完美和谐，而"郁郁"则表达非

---

① 原文为"heu tsze"，根据拼音法应为"虚字"，现名称为"虚词"。——译注

常优雅的意思。

以下几个例子展示了由两个、三个、四个以及更多单字连在一起，用于描述一个人、一种事物或一件事情。

1. 圣人：德高望重之人，有智慧的人；

2. 贤人：有才德的人；

3. 骚人：吟游诗人，词曲家；

4. 君子：绅士，彬彬有礼之人；

5. 义士：正气之人，正义之人；

6. 仁者：乐善好施之人，博爱；

7. 英雄：无私忘我，不辞艰险，令人敬佩的人；

8. 工匠：建造师；

9. 舆匠：轮匠，制造车轮之人；

10. 打铁匠：打铁或锻造铁器的人；

11. 补烂鞋者：补鞋匠；

12. 阚寿板师傅：棺材匠；

13. 吹镶玻璃师傅：吹玻璃的工人；

14. 镶玻璃师傅：装玻璃的工人。

由两个或两个以上汉字组成、词尾是"气""色""夫""子""儿"等字的各种名词的例子，还可以尽情地增加。我们上一卷第 347 页上可找到 Anglo-Sinicus 对这类词的一些佳论。[①]

称呼名词。如果完全为了保存思想而设计一门语言，以便把思想从一个人传递给另一个人，或者从一个时期传递到另一

---

① 即本章第一节内容。——译注

个时期，那么这样的语言必然总是为某些听者或读者准备的，在任何可能的情况下，他们被称呼时就会去留意。圣旨可颁发给某个人，或某类人，又或是整个帝国的人。同样，对于各类官方文书和各种文章，无论主题是什么，无论作者或发言者是谁，都有直接称呼或应该要称呼的人，这些人的名称要么已明确表达，要么可推测得出。例如：

1. 帝曰卿欲封何爵。

2. 所恶于上毋以使下。

3. 看汝以何词对朕也。

4. 李傕忽变色曰樊稠何故交通韩遂欲谋造反。

上述例1中的"卿"即为称呼词；例2中的称呼词可推理得出；例3中"汝"是称呼词；例4的称呼词为"樊稠"。例1和例4出自《三国演义》，例2出自《四书》，例3出自一封颁发给已故钦差大臣和湖广总督林则徐的上谕。在阅读汉语作者的作品时，尤其是当作品中出现多名谈话者时，需要注意认清发言者是谁。这点无须举例说明。

位置名词，即指示地点的名词，由于不像欧洲语言那样有大小写区分，需提前特别留意。即使是经验丰富的读者也有可能认错这些位置词，因为它们并无形式或外观上的特点可与同一页的其他词语区别开来。为了避免这种模糊性，中国人有时会在位置名词旁画上两条线，在地理著作中尤其如此。一部有关中华帝国西部领地的作品中就出现了划双线的例子。

这种写法虽然非常便利，在中国人看来却是不美观的；因此，中国人常常会避免这种写法。学习者应该记住，地名位于下属的人名和物名之前，而且当几个地名连续出现时，地域级别高的位于级别低的地名之前。以下三个例子可说明此种用法。

1. 中国人；

2. 天津果子；

3. 那少年欠身答曰某乃常山真定人也。

在此顺便一提，与希伯来语一样，汉语中几乎所有人名和地名都是有含义的。在上述第一个例子中，"中国人"就是个典型的例子，类似的还有 18 个省中大部分省的名称。

普通名词和抽象名词无须特别举例说明，因为汉语里的这些词与其他语言中的毫无差异。所谓普通名词就是用于指代各类生物的一般术语，可用来统称某个物种，如"人""马""鸟""鱼"等。而抽象名词则是用于描述动作、品质、存在方式的名词，不能指代人、地点或动物，如"欢乐""悲伤""希望""美德""罪恶""勤奋""活力"等，可以作为动词使用，也可用于修饰、限制、定义或约束名词和动词等其他词语的含义。但是，有些词直接用来指示特定类型的人或物，需要举例详细说明。

当提到事物、人和地点时，中国人会运用很多量词，每一个量词都用来指代某一类或某些类别的物体。可能有上百个量词，比如"一名组织成员""三船商人""十双手套"中的"名""船""双"就是这样的词。虽然这些类别词在日常对话和书面语中都会频繁出现，但并不总是能翻译出来，英语的习惯用法通常也不需要这类词。量词的用法主要得通过短语来学习，以下每个词仅举两三例足矣。

1. "个"在话语主题为人或各种事物时用来表示个体或个体化，谈到一个或多个对象时使用，如"一个人""三个人"等，谈到其他很多对象也是如此。

（1）一个人；

（2）一个字；

（3）一个时辰镖（手表）。

2. "只"可与几乎所有鸟兽名称连用，也可与手、眼、脚等成双的身体器官中的单数形式连用。

（1）一只马；

（2）一只手；

（3）四只船。

3. "对"用于表达"双"的意思，用于描述成双成对的事物，如手、脚、鞋、袜、蜡烛、手镯等。

（1）一对手；

（2）二对靴。

4."双"与"对"意思相近，描述成双成对的事物时表示两个的含义，如"一双鸭"，"双亲"强调父母亲。

（1）双亲；

（2）四双鸭。

5."把"意为用手拿、抓，通常放在表示所抓物品的词语之前，如扇子、剑、钳子、锁、锤子、扫帚、伞、弓等。

（1）一把扇；

（2）二把弓；

（3）三把草。

6."张"意为张开，常与可铺散开来的事物连用，比如席子、毯子、桌子，同样地还可与上谕连用，因为上谕是要广泛公开的。

（1）一张枪；

（2）五张床；

（3）六张上谕。

7."枝"通常表示树枝，与矛、笔、桅杆、管、筒、手杖等连用。

（1）二枝桅；

（2）六枝旗；

（3）三枝烟筒。

在这些例子中，"枝"通常不翻译，因为英语的习惯用法不需要这个词。同样不翻译的还有上述"张""把"等词。

8."条"与"枝"一样，也表示树枝，或表示形状长而细的东西；因此"条"用来描述一条线或绳。

（1）三条鱼；

（2）一条街；

（3）二条河。

9.“间”作名词时意为空间、裂缝，作动词时意为隔开、在中间腾出空间，也用来表示“中间”。很多时候“间”位于其他词之前，如以下例子所示。

（1）三间屋；

（2）四间庙。

10.“座”即座位，或某人所坐的地方，或任何建筑物的底座、大楼、地基，与屋、房、露台、城市、山等连用。

（1）二座山；

（2）一座城。

11.“度”表示人可通过的通道、过道，与门、桥、楼梯等连用。

（1）四度城门；

（2）二度关口。

12.“幅”表示一张或一卷布制品，与画、布、墙等连用，例如：

（1）四幅画；

（2）三幅墙。

13.“件”作动词时意为划分、分开、区分事物，而与某类事物连用时，用法与例1的“个”类似，与服装、商品等相关词语连用。

（1）十件衫；

（2）二件事；

（3）七件物。

14.“套”指位于某物外面或上面的东西，用来表示完整的事物，常出现在类似下列短语中，表示作品是完整的：

（1）二套书；

（2）六套小说。

显然，“套”的这种用法是因为一部作品的所有卷册应该要用“套”或纸包装起来。

15.“副”通常表示副级、助手，表达完整、全部、一套或一盒之意时，常与以下短语连用：

（1）五副器具；

（2）四副菜碟；

（3）二副朝珠。

16.“粒”表示小型、完整的物体，这些物体常常与大量同类一起出现，用来描述各种谷物、种子、沙子、星星等，例如：

（1）一粒米；

（2）七粒星；

（3）八粒珍珠。

17.“块”表示碎片、一部分、一片的意思，主要用于板状的东西。

（1）一块板；

（2）九块瓦。

限于篇幅，不必再给每个量词罗列多个例子，每个量词给出一例足矣。

18. 帽一顶。

19. 书二本。

20. 纸三篇。

21. 书四页。

22. 信三封。

23. 纸七刀。

24. 墨二方。

25. 面一团。

26. 花十朵。

27. 风一阵。

28. 雨三场。

29. 羊二群。

30. 车四乘。

31. 布五匹。

32. 棉花六包。

33. 天秤一架。

34. 行李九担。

35. 洋酒一樽。

36. 字十行。

37. 钟二点。

38. 田七亩。

39. 新闻一段。

40. 一连几日。

41. 一管横笛。

42. 一款事。

43. 三股生意。

44. 二札绳。

45. 一句话。

46. 四卷书。

47. 八盘鱼。

48. 五根树。

49. 十员武将。

50. 六圆银钱。

51. 一位先生。

52. 三串珠。

53. 五层楼。

54. 一节书。

55. 四餐饭。

56. 二碗粥。

57. 三片姜。

58. 一面镜。

59. 四贴胭脂。

60. 九席酒。

61. 一版字。

62. 二道上谕。

63. 九重天。

64. 四束禾。

65. 六台戏。

66. 八排杉。

67. 十锭金。

68. 一边鱼。

69. 一的都好。

70. 七章书。

71. 三样意思。

72. 四匹马。

73. 一局棋。

74. 一炷香。

75. 四竿竹。

76. 八辆车。

77. 十门炮。

78. 四进屋。

79. 三便过屋。

80. 一伙贼人。

81. 一尾鱼。

82. 六瓣花。

83. 九文钱。

84. 三度窗门。

85. 一颗珠。

虽然我们列举了很多例子，但并未穷尽所有量词。这些量词可满足一般读者的阅读需求，汉语学习者可轻松根据每个量词相应的例子举一反三，补充各个类别的数量。

第七章　中国文字体系的性质和特点 ①

郭实猎牧师说过一句公道话："没有什么比汉语更让欧洲学术界感到迷惑的了。"寻找这种窘境的原因并不需要费很多功夫。就像几乎每一门科学遇到的其他问题一样，它的产生是由于滥用词汇，使用隐喻而不是通俗易懂的语言，以及越过本质去解释最简单的操作。

我们上面引用的这位学识渊博的作家并未对他所说的"汉语"进行解释。如果他是指口头的语言，似乎并没有任何困难或窘境。汉语用语简洁，而古文尤为如此；汉语词汇是单音节的，句法主要借助一些虚词来排列词汇形成，而这些虚词在我们的语言中体现为语法形式与屈折变化。大量的汉语词汇同音异形，但可以通过重音和音调来区分。而且总体来看，说汉语的人相互理解没有困难。比起其他语言，汉语也许更隐晦，人们所理解的内容比真正表达出来的要多，但这并没有带来什么困难。汉语的单音节词与英语所特有的语法形式一样，同样可以唤起人们的想法和认识。

---

① 译自 1838 年 11 月《中国丛报》第 7 卷第 7 期第 1 篇，作者杜彭寿（Peter Stephen Du Ponceau，1760—1844），生于法国，后居美国，曾在美国军队任职，语言学家、律师。本文是作者所著《中国文字体系的性质和特点》（*Dissertation on the Nature and Character of the Chinese System of Writing*）一书的序言。——译注

那么，欧洲的语言学家就没什么好困惑的了。然而，如果郭实猎所说的"汉语"是指书面语（只有这样我才能理解他），那他说的话可是千真万确。他使用"语（言）"这一词，说明他察觉到了这种窘境，却还没有找到真正的成因，而每一个关注汉语的人必会注意到这种窘境。

与其他任何象形体系一样，汉字并不能算是真正意义上的"语言"。确实，汉字可能被象征性地称为一门语言，就像英语字母所构成的组合也被称为语言。但我们英语并不是按照一个个字母来阅读，而是阅读由这些字母形成的组合，它们代表着单词和句子。除了初学者，没有人会在阅读的时候把单词拼出来，也根本不会去想其组成字母的发音。这点非常真实，比如"awe"，在读该词时，没有发出任何组成该词的三个字母的音。读单词"ought"时，除"t"以外也听不到任何其他字母的发音。在同一时刻，我们的眼睛捕捉着字母组合，我们的大脑思考着单词的发音和含义，我们不会停下来留意每个字母。这种身体和心理过程以无法超越的思维速度发生在同一瞬间。因此，这些字母组合也可被称为表意符号或字符，而它们的集合和各种形式的结合，就是所谓的书面"语言"。但是大家都明白，这里所说的"语言"只是象征性的。

将这些原则应用于汉字体系是下面这篇文章的目的。所有讨论过这一主题的人（我认为几乎毫无例外[1]）都把汉语书面语描述为一种独立的语言，与人的发音无关，因此与口头语言无

---

① 马礼逊博士是谈论此话题最少的作家。他比其他汉学家更谨慎。然而，他并没有否定人们普遍接受的观点。——原注

关；都将汉语书面语看作是一种专有的语言，它直接通过眼睛阅读而不通过听力向头脑传达概念，这也被认为是汉语与英语字母体系的不同之处。因此，汉语被称为表意文字，而被称为口语的语言，只不过是占用了汉语名称和地位的发音而已。

我们可以证明这种说法，据说一些不会说或听不懂口语，但使用相同汉字的当地人也可以阅读和理解书面语。我认为，附录①中的《南圻语词汇表》可以充分说明是否属实，南圻语②在书面上就使用了汉字。无论情况如何，都不会影响我想要证明的汉字象形体系建立所依据的一些原则，也丝毫不能说明汉字具有不可思议的特性。

我尽力通过以下论述来证明汉字是汉语中的"词语"，且只有通过汉字才能表达概念。我们字母表中的字母表示独立而没有含义的声音，因此只是我们图形系统的组成元素。但是它们组合在一起时，就代表了我们英语中的单词，而这些单词代表或唤起读者头脑中的概念。我认为，汉字虽然是由不同的部件元素组成的，但也是如此，且它们所代表的概念也不过是和用语言所表示的词语联系在一起的。因此，它们与声音相关，不是像英语中单独的字母那样，而是以词的形式构成的组合。

地球上的不同国家有两种所谓的字母表：一种是音节性的，另一种我称之为元素性的。第一种字母表中，每个字符代表一

---

① 指原书的附录，下同。原文未附上附录，但下文提到了附录的具体内容。
　　——译注
② 南圻，旧指越南南部地区，法国殖民时期称"交趾支那（Cochinchina）"。南圻语即越南语（或南部方言），原文称"交趾支那语（Cochinchinese）"，本文统一译为南圻语。——译注

个音节，通常不具有含义。这种体系一直被那些语言由少量音节组成的国家所采用，如只有 85 个音节的切罗基族人和不超过 47 个音节的日本人，他们有相同数量的字符来代表这些音节。这些字符数量少，并且容易记住，因此被认为没有进一步分析的必要。另外，音节字母与我们使用的字母相比优势更加显著，它们不需要拼写，在学习阅读时可节省大量时间。书写过程也更快，写出的字迹所占空间更小。

但是，对于那些由于辅音太多而无法使用音节字母的国家，必须进一步分析发音；而且，在发现我们称之为字母的语音要素的数量相对很少之后，他们采用了欧洲和西亚流行的体系，我们也称之为字母体系，但是我们没有适当的名称来区分它和音节体系。

中国人在发明他们的文字体系时，发现自己的语言完全由单音节构成，每个音节都是汉语的一个词，因此同一个字可以让他们同时想到词和音节。他们还发现，每一个词代表了一件物品或一个概念，这样他们看到物体时，脑海里能同时呈现出对应的音节、单词和概念。因此，他们没有深入研究也就不足为奇了，也难怪他们首先做的是给每个词附上符号，通过这个符号他们可以同时想到这个词对应的概念。但这个概念对他们来说只是次要的，它附加在这个词上，无法分离。

所有国家在首次尝试用文字彼此交流之前，都早已用粗略的图形或轮廓来指代肉眼可见的物体。一些汉字的原始形态显示中国人起初也是用同样的方式。虽然这种形式在文明未取得大发展之时满足了他们的目的，但它没办法让他们走得更远。

后来，他们尝试用隐喻，但却发现其作用有限。最后，当他们的知识丰富、文明先进时，他们创造出一个保存了四千年之久的体系，并对其十分满意。哲学家将其称为表意文字体系。

在这个体系的形成过程中，他们发明了相当数量的符号，我称之为基本字符，他们使用这些基本字符造出了同等数量的词。有些字符是原始图画和隐喻的简略形式，但是它们经过了很大改变已经难以辨认。这些基本或简单字符的数量并不清楚，可以推测并不会超过容易保存在记忆中的数量。汉语语法学家将这些字符缩减为214个部首，但是这些字符中有些是复合形式，因此基本字符数量有可能更少。尽管如此，通过把其中两个、三个或更多个组合在一起，将这些词作为提示语来产生从前没有符号代表的新词，这两百个左右的词可以产生大量的组合；而将新的复合词继续与它们组合，又能产生更多的组合；它们可以无穷无尽地这样进行下去。通过这一体系，再辅之以一些改进，中国人成功地表达出他们语言中的所有词。概念只是他们所采用的方法的一个组成部分，但他们的目的绝不是脱离对应的词而把这些概念呈现给头脑，如果我可以大胆比喻的话，这个词就像一幅画，它与原物的确不像，却足够唤起人的记忆。

从对汉字书面体系的这一总体观察来看，很明显汉字发明者的目的是通过看得见的字符在脑海中唤起构成语言的词汇，而不是呈现独立于发音的概念。但是这些词汇数量太大，无法仅用随意的符号，且抽象词汇很多，不经过一些分类很难记住其形式。他们因此想到一种方式来让人同时记起每个字的一些含义，即将几个字符组合在一起，形成一种定义，尽管这种定义远非完美，但足够实现其目的。中国的文人以及后来的汉学家称之为表意文字。它不代表概念，仅通过词的组合来表示词汇，因此我称之为"词素文字"。

为了更清楚地说明这一点，我还要在此补充中国人对他们自己文字体系所作的解释。为此，我们要感谢马礼逊博士的字典，以及雷慕沙先生的汉语语法书。我相信它们将完全证实我所作的陈述。

中国人将其文字分为六类，雷慕沙称为"lou-chou"，马礼逊称为"luh-shoo"①。两位作者对几种类型的排列顺序不一致，因此我将效仿，按照我认为最适合了解总体情况的顺序对它们进行排列。前三类和文字的外在形式相关，后三类和为达效果的用法相关。下面分别考察它们。

1. 象形。因这类文字尽可能地表示可见物的形状，雷慕沙将其称为"象征型"。因此，圆圈中间加一点表示太阳，月牙形状代表月亮，人、马、犬、目、耳等字都用线状图形表示，这些图形表示或试图表示不同的物体，能让人们想起它们。马礼逊博士说，中国的文人声称象形文字占了全部汉字的十分之九。除非汉字本身数量十分有限，否则这实在难以置信。但马礼逊博士也补充说，他们仅列举了寥寥几例；这才比较可信。

尽管如此，即便这些文字曾经大量存在，如今已不再使用。中国人自己也承认这一点。而他们给出的理由，据马礼逊博士

---

① 即"六书"，此处为不同作者采用了各自的拼音法。——译注

所言，即"简化文字是出于方便，有所添加是为了美观，因此文字的原始形式逐渐消失了"。原始的形式如今已荡然无存。汉字目前的形式，看起来仅仅是线和角的图形，除非这些字符与词汇和基本发音联系在一起，或者字符互相组合，否则它们就和我们字母表中的字母一样看起来并无含义。因此，以现在的形式来说，这些字符已不能再称为"表意文字"。

2.指事。雷慕沙称其为"指示型"。这类文字通过图形将一些无形的概念表达出来。由此，数词"一""二""三"是用横线表示，就像罗马数字用竖线表示一样。"上"字和"下"字则在一条水平线的上方和下方分别添加两根短竖线表示；而"中"字则是一根竖线从一个长方形中间穿过。显然，这样的文字数量很少。无论如何，这类文字不足以成为一个体系的特征。

3.转注。雷慕沙称其为"倒置型"。这类文字用对立面来表示事物。由此，一个叉形字符，有三个尖头和一个弯曲把手，尖头弯向右边，表示"左"字，尖头弯向左边，则表示"右"字。雷慕沙还列举了其他四个字符，分别表示"正""乏""人""尸"。但我个人认为，这类文字在视觉上并不能给大脑提供任何信息，它们的意思完全靠猜测。雷慕沙称这类文字数量很少，其原因可想而知。

只有上述三种类型的文字将"表意"本质在外形上有所体现。可以看到，第一类汉字早已废弃，现已被随意的字符取代，这些字符与概念并无关联，除非在脑海中想起表达概念的词汇。另外两类汉字，尽管巧妙，但数量太少，表达含糊不清，无法命名，甚至不算是中国书面体系的一种描述性文字。下面我们将探讨另外三种类型，它们与外在字形无关。

4.假借，在汉语中表示"借用"。雷慕沙将其定义为："为了表示抽象概念或对抽象概念的理解行为，中国人改变了一些表示具体实物的简单或复合文字的含义，或者把名词转变为动词，以表示相应的动作。由此，用'心'表示'思维'，'房屋'表示'男人'，'厅堂'表示'女人'，'手'表示'技工'或'工匠'，诸如此类。"但在这一理论中，与词语对应的文字的含义没有丝毫改变。发生改变的是词汇的含义，文字只是跟随着这种改变。在汉语口语中，船员被称为水手，修道之人被称为道士或者有道之士，等等，而书面语仅仅是用合适的文字去表述这些词语。汉语中充满了大量类似的比喻："东西"指某个事物，"兄弟"既可指"哥哥"又可指"弟弟"，没有年龄上的区分。比喻含义是寓于语言之中，而非书面文字之中。

马士曼博士对从未见过论述汉语口语语法的文章感到惊讶。显而易见，中国人喜欢将一切归因于他们的书面文字体系。他们想让外人相信，他们的书面体系是一项出色的哲学发明，它独立于口语，与口语不相关联，他们认为口语只是书面文字的口头表达，而事实却恰恰相反。

因此，这类"借用型"文字不足以在中国文字体系中形成一个分类，它们与其他文字一样，仅代表某些词语而已。

雷慕沙将表示跟随的动词"从（從）"也归入此类，他说，"從"是由三个"人"叠加构成的。我不会去探究这些图形在"從"字中有多明显，这似乎是个古老的比喻。这就是雷慕沙所说的将名词转变为动词，也是他所列举的唯一例子。

5.会意。在我看来，这一类与下面的第六类囊括了汉语的整个文字体系。所谓的第一类文字只有考古学家才感兴趣，第二、三类仅与少数文字的构成有关，而第四类已证明是谬误。因此，最后这两类最值得我们关注。我先来分析第五类。

这一类文字由两个或两个以上的字构成合体字，每一个字代表一个词，组合在一起表示另一个词。雷慕沙称之为"复合"。马礼逊博士在其按英文字母表顺序编排的中文字典中将"会意"解释为"文字复合时的概念联合"，似乎只是翻译了该词的汉语释义。在此，我们可大胆将其定义为："用相应汉字所表示的几个词组合成为另一个词。"我们把英语字母表里的字母组合起来赋予它们单个字母所没有的含义，中国人也把他们有意义的字符组合在一起构成合体字，并赋予其单个字所不具备的含义。

关于这类复合词，雷慕沙举了六个例子。由"日"和"月"表示的"明"，由"人"和"山"表示的"仙"，由"鸟"和"口"表示的"鸣"，由"女"和"帚"表示的"妇（婦）"，由"耳"和"门"表示的"闻"，以及由"目"和"水"表示的"泪"。当然，无论这些词本来如何，现在都由字符来表示，这些字符与所代表的实物并无相似之处。

单独的字符有时进行上下组合或左右组合。有时它们经过各种改动组合成一个字，并不容易辨认出来。有214个这样的字符被筛选出来，其中一小部分是合体字符，剩下的为简单字符，它们被称为字根或部首。字典通过部首对相似的字进行分类，每一个字都被归置在某个部首下。如果不是需要一定数量的简单字符作为合体字体系存在的基础，那么这本来只是一种字符表的排列方法，而并不是书面文字体系的一部分。

由上文可以得出，总体上中国文字体系主要包含以下两类：

（1）表示同等数量词汇的任意性符号（约200个），它们也许是整个中国文字体系的核心或根基。

（2）表示其他所有汉语词汇的文字，其数目不定，由基础字相互结合组成，或基础字与由此方式形成的新字再结合，这样汉语中的每个词都有不同的字符、文字或符号来表示。按照中国人的说法，这样组合起来的词和概念的不同含义，只是用来帮助人们回忆与要传达的概念相联系的词。这些文字组合常常令人费解，没有呈现出明确的概念，有时甚至与实际的对象完全相反；但正如我们的字母一样，这些文字组合在表示与单个文字不同的读音时，确实起到了作用。

在后面的文章中，我将为读者更加充分地阐释该体系。

6. 形声或谐声。虽然表达道德情操、行为和情感以及众多有形物体的词语，可以通过与其他词语组合在一起来表示或忆起，根据这些其他词语的含义，它们可以作为定义或描述，或者更确切地说，作为提示语，来引导人们想起要表示的对象，但是同类物体数量非常之多，每一种又有特定名称，仅靠少量的词并不能帮助解释甚至猜出这些名称之间的区别。例如树、植物、草药、水果、鸟、鱼和很多其他事物。这种情况下提示语体系无法应用，于是中国人创造出这类字，或者说这种特殊的文字组合来表示那些特定名称。

有若干代表词语的文字被拆分出来，仅使用它们的读音，而不考虑它们的含义，并与表示种类名称的文字组合在一起，这些文字就表示所要代表的事物名称的读音。例如苹果的名称读作"ping"，尽管这个单音节可能还表示20种其他事物的读音，且每一种都有各自的文字表示，但只要这些文字在选定的清单中，其中任何一个，无论是简单字还是合体字，与表示水果或树木的词相结合，就可表示苹果或者苹果树。中国人承认这类文字是表音的，但是其他类型的文字他们都否认是表音的，因为他们给那些文字都赋予了含义，而书面符号只是将其显示出来。

中国人还使用其他方式以文字表示词的发音或外来的专有名词，但未包括在上述六类之中。在后面的文章中将详细解释，我将尽力证明中国的文字体系在本质上是表音的，因为文字代表词汇，而词汇就是发音，而且如果这些文字与发音没有关联，那么它们就不能在头脑中呈现出概念。

汉字经常被比作我们的数字符号以及代数和药学中的各种符号，因此常被称作表意文字，或者说表达概念的文字。在某些方面这个比方是合理的，因为概念和词相联系，而文字又代表词汇，它们可以同时表示与它们相关的概念。但是再进一步这种比喻就站不住脚了。用数字符号所表达的概念，在每一种语言中都有含义相同的词来表达，尽管发音不同，但传达的意思相同；而其他的符号是缩写形式，适用于特定的学科，只有专业人员才能理解。毫无疑问，如果所有的语言都按同样的模式构成，其中的每一个词都精准地表达同一个概念，如果全部都采用汉语的形式，那么汉字就可以像我们的数字符号一样适用于所有语言。但事实并非如此，这些字符必定只适用于某一语言，因此它们的目的不是独立地表达概念，而是通过该语言的词汇间接地表达，所以这些文字并不能被称为表意文字，这个名称取得大意了。

如果这一理论合理，那么可据此对地球上现存的书写体系进行一个明确而自然的分类。语言的要素包括词汇、音节和我们字母表中的字母所代表的简单的发音。这三大要素都由发音器官产生，而由于所有书面语的目的都在于让懂这门语言的人能够阅读，让所有人能以同样的顺序朗读或默读同样的词，因此，很明显书面字符必须表示或能让人想起三类要素中的某一类。由此我们便有三种彼此不同但形成原理一致的文字体系：元素或字母体系，其符号被称为字母，仅代表语音的基本元素，即简单音；音节体系，所表示的音节大部分没有含义或意思，只是作为多音节词的组成要素；最后是词素体系，通过简单或复合的符号，表示一种语言的全部单词。最后这种模式尤其更适用于单音节语言，其中的每一个音节都与一个含义或意思相关，这提供了一种形成文字的方式，但大量文字的增加可能会造成混乱。如果不属于这三类中的任意一种，那么也不该称为书面文字。如果所有人天生听不到也看不见，也许就是另外一回事了。但是人自幼就已养成说话的习惯，这种习惯让人们给概念赋予了框架和形式。在我看来，任何不表示形式的事物，都只是让视觉符号取代听觉符号的失败尝试，它也许在某些方面有用，但难以称为书面文字。在后面的文章中我从这个角度探讨了古埃及的象形文字和墨西哥人的绘画作品，在此先不提及我就这些主题所说的内容。结论是，表意文字体系只是臆想之物，它不可能与有声语言共存。

本书的另一目的，是要揭示一个普遍现象的原因，即几个完全不了解彼此口头语言的国家，却通过汉字进行书面交流。对于那些使用多音节语言的国家，如日语，其语言有音调变化及语法形式，我认为我已充分证明他们不可能理解汉字，除非他们已经学习了汉语，但没有说汉语的习惯。而对于另一些国家来说，情况可能恰恰相反，他们的语言是单音节的，按照汉语的模式形成，也采用了汉语的书写体系。不可否认，在某种程度上，只要两种语言中具有相同意思的词汇都用相同的文字来表示，那么他们彼此就暂且可以进行书面交流，但不会再深入。这种交流能够进行到什么地步只有通过对比两种语言，并对比二者书面符号的使用方式才能得知。为此，我希望我们能有比现在数量更多的南圻词汇，目前只有 343 个有对应字符的南圻词，但我希望词汇更加丰富完整。遗憾的是，英国东印度公司拒绝出版由南圻阿德兰区名誉主教提供给他们的字典。然而，我无意因此怪罪他们。众所周知，这家著名的机构慷慨大方，而且他们花了大量经费出版马礼逊博士出色的汉语字典，科学界应始终对他们心怀感激。因此他们目前不愿再承受更多的花费也不足为奇。但我们不应对出版此书感到绝望，在巴黎和伦敦有许多亚洲学会，在它们的赞助下，已经出版了许多有价值的语言学著作，没有理由认为它们不会继续从事这一有价值的事业。神父罗德（Alexandre de Rhodes）① 的《亚洲语法》

---

① 亚历山大·罗德（Alexandre de Rhodes，1591—1660），赴越南的法国传教士。
——译注

（*Asiatic Grammar*）值得他们重印。现在似已确定北圻和南圻的语言，哪怕不是一模一样，也是非常相似的。有了这本书和两本出版的字典，就能对安南①方言的本质和特点有一个非常清晰的了解。现在回到我们的问题。

考察神父约瑟夫·莫罗内（Joseph Morrone）②的词汇（本书附录2）时，不难发现，南圻语在采用汉语字符时，似乎更注重文字的发音，而不是文字所属的词汇的意义。比如"霰（san）"字，在汉语中意为"毛毛细雨"，用到南圻语中则变为"sam"，表示"雷"；汉字"霜（chouang）"，表示白雾，变为"suong"，表示露水；汉字"戈（ko）"，表示长矛，变为"qua"，表示昨天；汉字"金（kin）"，表示金属，变为"kim"，表示针；汉字"泊（po）"，表示停泊，变为"bac"，表示银子；汉字"桎（tchy）"，表示束缚、阻碍，变为"choi"，表示扫帚；诸如此类。这说明将书面文字当作声音符号是很自然的一件事。当然，我很清楚这一观点并不为一些汉学家所认同，他们认为意义寓于汉字之中，无法分割。我与博学的雅凯③就其中的几个例子进行过交流，他倾向于认为，这些异常之处是由于在书写南圻语时增加或删减了笔画，所以在南圻语中，总是有一些与汉语意思相同，但模仿拙劣的文字。然而他也直言道："确定困难比解决困难更重要。"这一点我十分赞同。同时我也必须说明，我寄

---

① 指越南。——译注
② 约瑟夫·莫罗内（Joseph Morrone，生卒不详），据原文为在西贡的传教士。——译注
③ 雅凯（M. Jacquet，牛卒不详）。——译注

给他的样本数量太少，他无法形成明确的意见，在这些样本中，他指出了我们那位友好的注释者帕兰（M. de la Palun）① 先生都没有注意到的一些文字间的亲缘关系。例如，"thanh"在南圻语中表示"城市"，与汉语同义，但在汉语中还可表示"墙"。他还发现，"ben"在南圻语中表示"部分"，如北部、东部等，与汉语的"偏""边"同义。但这些发现，无论看上去多么合理，并不能解决我们当前的问题。除了那些我认为仅仅表示南圻语发音而与汉语含义无关的文字之外，很明显还有许多其他的文字，虽然来源于汉语，却是以南圻语特有的方式组合在一起。所以，总的来说，我不得不相信，生活在安南的人看不懂汉语书籍，也不能用汉字与同胞之外的其他人进行书面交流，除非他们对这些有别于他们自己语言的文字做过专门研究，或者说除非他们学过汉语，但也只能进行非常有限的交流。

　　南圻人对汉字与他们自己的文字作了区分。他们称汉字为"儒字"，南圻文字为"喃字"。《南圻语和拉丁语字典》（附录3）的作者将汉字定义为"用于表示通俗词汇的安南字母，或用于指安南词汇"。南圻人就像意大利人，也像几个世纪前整个欧洲盛行的那样，认为自己的语言是"粗俗语"，这表示汉语于南圻人而言，正如拉丁文于我们而言，是一门学术语言或古典语言。他们将这些文字称为"汉喃文"，但我认为实际上指的是书面文字体系，这一点在两个国家是一致的，尽管两个国家的文字在运用及形式上经常各异。研究这些文字的学者必须既熟悉汉字

---

① 帕兰（M. de la Palun，生卒年不详），据原文曾任法国驻弗吉尼亚里士满领事，在原书中为附录的字典进行了注释。——译注

又熟悉喃字。因此，难怪接受过这种训练的人不用交谈也可以理解彼此。由于两种语言的文字都属于词素文字，每一个文字代表一个词，那么他们大可不必牢记汉字的发音，尤其是这两种语言似乎由同一语法体系构成。但在我看来，南圻语比汉语更加简略，因为在南圻语中我并未发现中国官话里的连接词。但是，我知道自己没什么资格谈论这些细节问题，有待博学之人进行探究。

有一流行观点，认为南圻（口头）语是汉语的一种方言，我也曾未经深思一度信以为然。但进一步查证后，发现事实并非如此。到目前为止，大部分南圻语的词与汉语截然不同。尤其在数词上，南圻语与印欧语系和大洋洲语系这些不同的语言间有着密切的相似，但与汉语相比却并未发现任何相似之处。在《南圻语和拉丁语字典》（附录3）中，"Vox Sinico-annamitica（汉喃文）"这类文字很少，而根据我的对比判断，看起来两种语言也无甚关系。柯恒儒（Julius Heinrich Klaproth）[①] 在他的《亚洲多语言图谱》（*Asia Polyglotta nebst Sprachatlas*）一书中，列表展示了148个汉字词和喃字词。其中只有39个词或多或少存在一些相似。剩下109个词中，他只给33个喃字词标注了斜体的汉字词，表明二者在安南地区均适用，这一现象可能是由于两国间大量的人际交往。但那类汉喃词，如果确实在使用，也不属于汉语词，因此不能作为两种语言存在密切关系的证据。我认为这又涉及另一主题，值得进一步的

---

① 柯恒儒（Julius Heinrich Klaproth，1783—1835），德国汉学家。——译注

研究。语言的对比研究迄今仅限于多音节的语言。也许亚洲的单音节语言对于语言研究爱好者来说，同样也是个有趣的研究对象。

在此我需指出，在后面的文章中，我对比奇（Frederick William Beechey）① 上校的观点表示过怀疑，他认为琉球群岛的语言是多音节语言，属于日本方言的一种。进一步的调查让我确信，比奇上尉所提出的观点有充分依据，因此我也十分高兴能借此机会为其正名。同时也应指出，这一更正丝毫不影响我所提出的原则。如果琉球人所说的确实是一种多音节的日本方言，那么他们将汉字运用到自己语言当中的方式与日本人的方式是一样的。就这一问题，读者请参阅后面的论文内容以及我写给巴兹尔·霍尔（Basil Hall）② 上校的信，我已充分论证了日本人并没有利用汉字来表示他们的词汇，而仅用来表示他们本土语言中的音节，那么没有理由认为琉球人会有不同的做法。因此，如果琉球人能够阅读和理解汉字，那么我认为唯一的原因就是他们学过汉语，正如学习了中国宗教、礼仪和文学的许多其他国家一样。

至此，通过序言的介绍，读者应该已对后文中的进一步论述做好了准备。我借此机会展示了关于该主题的一些观点，这些观点有的为简洁起见，在给约翰·沃恩（John Vaughan）③ 先生

---

① 弗雷德里克·威廉·比奇（Frederick William Beechey，1796—1856），英国海军军官。——译注
② 巴兹尔·霍尔（Basil Hall，1788—1844），英国海军军官。——译注
③ 约翰·沃恩（John Vaughan，1731—1795），英国军官。——译注

的信中省略了，有的是我当时还未曾想到。我给神父莫罗尼的词典写的前言也是如此。我希望读者能够原谅我在方法上的这个缺陷，这本来可以避免，但是随着研究的进行，我发现了比最初设想的更广阔的领域，又担心文章篇幅太长，没有足够的空间留给附录的几个重要文献，它们才是本书出版的主要目的。我以写信给朋友的方式撰文，说明我一开始并没有打算像现在这样对该主题做诸多论述，而我还远未穷尽该主题。我不断想到新的观点，我得把它们留给其他人，相信其他人的脑海中也会想到新的观点。我希望未来会有更出色的人来继续研究该主题。在我看来，它涉及语言学一些最重要的原则。

总的来说，通过本书我想证实下列观点：

1. 中国文字体系并不是普遍认为的象形文字，汉字表示的是词，而并非概念，因此我将中国文字体系称为词素文字。

2. 象形文字只是臆想之物，并不存在，其作用十分有限，不具备称为文字的资格。

3. 对于天赋语言能力的人来说，所有的书面文字都一定是口头语言的直接表现，脱离了口语就无法将概念呈现给大脑。

4. 就目前所知，所有书面文字都是通过语言的某种要素来表示语言，包括词汇、音节和简单音。第一种是词素文字，第二种是音节文字，而第三种是字母文字或元素文字。

5. 汉语的词素文字体系不适用于具有音调变化和语法形式的多音节语言，也没有如此运用的实例，除非是部分地或偶然地使用，或者作为一种特殊、隐晦又神秘的交流方式，其作用有限，不会用于旨在通用的整个文字体系。

6. 汉语的词素文字体系可能适用于按照汉语模式形成的单音节语言，但必然会发生一些调整和变动，不管语言的原始结构多么相似，也会导致不同语言之间在文字的特点和意义上产生实质性的差异。

7. 有些国家的人其语言是多音节的，且有音调变化和语法形式，如日本人和上述的琉球人，尽管他们在文字体系中会使用汉字，但绝不可能理解汉语书籍和手稿，除非他们学习过汉语。而如果语言是单音节的，并且以词素的方式借用汉字，那么这些国家的人就算不了解汉语也能看懂汉字，但程度有限，这也是本书想要确定的主要内容之一。

尽管我对这些观点的正确性深信不疑，但我还是怀着极大的敬意将它们交由博学之士评判。

注：此篇文章于 1838 年 2 月 12 日在费城发表。我们对全文的转载可证明我们对其的评价。杜彭寿先生在文章发表方面表现出色，但是正如在此领域探索的前人一样，他有时似乎也是摸黑前进，在某些观点上也会出错。我们需仔细研读他的作品，他应该也期望其中某些内容得到审视。下面是他书中扉页的内容，能够让读者对此书有所了解，此书为八开本，共 375 页：《中国文字体系的性质和特点——写给约翰·沃恩先生的一封信》，作者杜彭寿，法学博士，美国哲学学会会长、宾夕法尼亚历史学会会长、费城图书馆馆长、法国研究所通讯会员等。本书附录：《南圻语词汇表》，作者约瑟夫·莫罗内神父，西贡天主教传教士，包含组成每个词的汉字，附注释，展示了汉语和南圻语之间的

密切程度以及两种文字体系各自的使用情况，注释出自已故的前法国驻弗吉尼亚里士满领事帕兰（M. de la Palun）；《南圻语和拉丁语字典——南圻天主教传教士使用》。本书由美国哲学学会委命其历史文学委员会出版。

第八章　汉语工具书

第一节　学习汉语的工具书 ①

长期以来，汉语一直被最应该对它产生兴趣的人所忽视。如今，它开始在英国和美国引起前所未有的关注。英国已设立汉语教授职位，并任命了一位合适的绅士担任此职务，此人拥有马六甲英华书院的经历。在塞缪尔·基德（Samuel Kidd）② 牧师的指导下，不久后我们有望看到更多的人奋起仿效和支持雷慕沙、柯恒儒、儒莲和其他欧洲大陆学者在这一领域的努力，现在已见到曙光。人类思想历史中与希腊和罗马思想迥异的那一部分将很快被揭示出来。尽管中华帝国将继续拒绝商人、旅行者、寻求古老传说的探索者和现代信息的传播者，但它将不再是一片不为人知的土地。

但是对未来的展望不能让我们对缺乏热情学生的沮丧现状视而不见。教室里的口语课须辅之以相适应的书面指导。而且对许多人来说，书面指导仍需完全替代口语学习。我们已经无

---

① 译自《中国丛报》1838 年 7 月第 7 卷第 3 期第 1 篇，作者马儒翰。原文标题：对现有汉语学习工具书的回顾，尤其是英美两国可用的工具书。——译注

② 塞缪尔·基德（Samuel Kidd, 1799—1843），一称"修德"，英国新教传教士，汉学家。1824 年赴马六甲，历任英华书院中文教师、院长等职。——译注

数次听到这样的问题了：开始学汉语的最佳方式是什么？最有用的入门书籍是什么？尽管经常有人问我们这些问题，但我们仍然感到难以回答。我们建议参考以下书籍：雷慕沙的《汉文启蒙》（*Élémens de la Grammaire Chinoise*）清楚地讲解了语法规则，江沙维的《汉字文法》（*Arte China*）提供了丰富的阅读及口语范例与练习，而马礼逊《汉语会话》[①]（*Chinese Dialogues*）中的逐字翻译非常有用，这些都是学生目前能接触到的最好的基础课程。但并非所有要学汉语的人都熟悉法语，能读懂葡语书籍的人也很少，且《汉语会话》几乎全版都被"奥尔斯特号（Alceste）"[②]的残骸吞没，所以一本难求。因此，我们需要列举其他书籍来代替这些书籍。

语法方面，推荐马礼逊的语法书[③]。这本书的优势在于，它写于作者学习汉语的早期，作者对刚起步时的困难记忆犹新；但这也意味着这时他不熟悉语言的诸多特殊之处，也缺乏对语言奥秘的深刻洞察。这本书照出了一束光，让学生们可以在前辈之后探索，但又不会散发出白昼般的光芒，因此学生们能够自主选择最好的路径。作为替代，我们更愿意向受过学校传统课程教育的人推荐马若瑟的《汉语札记》，他们将会发现这本书非常有用，而且显然作者非常熟悉汉语。其最大的不足就是没有从广泛的经验中推导出一般规则。作者详细论述了一些特定

---

① 又译《中文会话与凡例》。——译注
② 一艘英国皇家海军舰艇，1817 年失事。——译注
③ 即 1815 年出版的《通用汉言之法》（*A Grammar of the Chinese Language*）。——译注

的单词和短语，它们的各种含义，以及与主要动词或名词的相对位置，但并没有说明安排这众多词语的一般原则。但是，对于高阶学习者而言，这本书非常有价值。雷慕沙的语法书具有价值和重要性，既是因为它给出了马若瑟所缺少的一般规则，也是因为它出版的时候，还没有英国贵族慷慨解囊让每个学生都能接触到《汉语札记》。除了这些语法书，还有马士曼、傅尔蒙、拜尔、敏体尼①、万济国等人的作品，提到他们的书只是为了指出，无论是为了阅读中国本土作者的作品，还是为了从事更为艰巨的宗教或科学写作任务，它们都不适合用于全面了解汉语。

　　江沙维的《汉字文法》一书中列举了大量关于口语和书面语不同风格的例子，在这方面我们找不到可匹敌的其他作品。许多类似的例子也散见于马若瑟和雷慕沙的著作中，还有一些汉语书籍以对话和独立句子的形式提供了很多优秀的口语案例。但是前一种书籍没有进行整合排列，后一种书籍则缺少翻译辅助。对于马礼逊《汉语会话》的逐字翻译，德庇时的《贤文书》（*Chinese Moral Maxims*）是一个不错的替代，该作品旨在提供汉语语法结构的范例，也做了类似的逐字翻译。雷慕沙《汉文启蒙》在每条规则下的例子同样采用了这种翻译方法。

　　上文所说不仅表明汉语学习者不乏有利的汉语学习方法，同时也说明了以更加便捷的方式提供这些方法的重要性。目前，汉语学习者除了母语外，还须熟悉两种欧洲语言才有利于进行

---

① 敏体尼（Louis Charles Nicolas Maximilien Montigny，1805—1868），法国人，1843 年随法国使团来华，1847 年任法国驻上海第一任领事。——译注

汉语学习。通过一门外语来学习另一门外语的辛苦和劳累，虽然很多人可能已做好承受的准备，但是这些困难必然会大大阻碍学生的进步。我们所推荐的书籍，虽是现存最好的作品，但无论如何也不能免受非难。我们对雷慕沙的《汉文启蒙》没有多少贬损之意。而江沙维的《汉字文法》，与其说是错误的，不如说是有所欠缺。他的例子没有一个是通过逐字翻译展示的，而且他的翻译常常是意译，以至于学生无法清楚地了解所给汉语句子的结构。马礼逊的《汉语会话》和德庇时的《贤文书》主要是为了填补逐字翻译的空白而编写，并且大体上达到了预期目的，但是在细节上还有很多可改善之处。

　　我们相信，英国和美国的众多学生很快便会关注汉语学习，因此，我们对目前缺乏统一的汉语学习基础课程表示担忧。与此同时，我们代表那些面对各种困难仍在艰难学习基础课程的学生，审视现有的工具书，以便进行更高阶的学习。在少年时代，我们首先钻研的是拉丁语语法和《句子精选》（*Delectus Sententiarum*），没有那些逐字翻译的帮助，就像我们抱怨江沙维的《汉字文法》所缺少的那样。我们的入门课就是这样的。在高阶课程中，我们阅读熟悉的菲得洛斯（Phaedrus）[①]寓言集，和简明的凯撒（Caesar）[②]战记等。但我们在此浪费口舌来唤起

---

① 菲得洛斯（Phaedrus，公元前15年—公元50年），古罗马寓言家，用拉丁韵文改编了《伊索寓言》（*Aesop's Fables*）。——译注

② 盖约·朱利乌斯·凯撒（Gaius Julius Caesar，公元前100年—公元前44年），古罗马杰出的军事统帅、政治家，史称凯撒大帝，著有《高卢战记》（*Commentaries on the Gallic War*）和《内战记》（*Commentaries on the Civil War*）等。——译注

读者的回忆有什么用呢？读者一定会痛苦地想起当年为了使自己熟悉拉丁语所付出的循环往复的努力。可是我们相信，如果老师向我们呈现克拉克（Clarke）的出色翻译与结构指南，那么我们便能受益更多，老师也可费更少的力；如果老师能够专门解释我们所学文章的含义与难点，我们在课堂上的收获会更丰硕。在伦敦大学学院和巴黎皇家学院，专业教授无疑会给汉语学习者进行翻译和解释，但我们现在所说的主要是那些无法享受到口授优势的独自学习的学生。对于他们来说，我们不能保证许多翻译能像克拉克的翻译那样忠实，也不能保证任何翻译能根据英语句子结构来展示汉语字词的顺序。但我们能找到一些汉语书籍的英语、法语和拉丁语优良译本，并将它们列为高阶汉语学习的书单。

我们认为，与许多现代书籍高度精练的风格或古典文学简洁严谨的风格相比较而言，口语化的写作风格更适合那些尚处初级阶段的学生。这类作品中我们认为最佳的是对康熙格言及雍正注释的通俗释义，其译本为已故米怜博士所著《圣谕广训》（ *The Sacred Edict* ）。不少古代经典作品都有类似风格的注释，但据我们所知还未被翻译成任何一种欧洲语言。

其次，便是被中国人称为"小说"的轻文学作品，与之对应的是被称作"大书"的历史与道德著作。"小说"包括长篇故事、历史传奇和戏剧作品。其中，长篇故事最好，因为它不涉及舞台技术，也不受韵律束缚（零散的诗句除外），这两点都是初学者阅读戏剧作品的难处。《好逑传》和《玉娇梨》都是小说中的佳作，两部皆有译本，《好逑传》由德庇时翻译，取

名为 "Fortunate Union"；而《玉娇梨》由雷慕沙翻译，取名为 "Les Deux Cousines"，后也有英译本，但出自一位不懂汉语的人之手，因此很难指望这种由法语转译的英语版本能够忠实地反映汉语风格的特点，从而对汉语学生起到帮助作用。这两部作品已足以满足这种轻松风格的阅读，但我们还想对现任巴黎皇家学院中文教授儒莲简洁而优雅的译文表示赞赏。他翻译出版的此类作品有《白蛇精记》(*Blanche et Bleue, oules Deux Couleuvres-fées*)，《赵氏孤儿》(*L'Orphelin de la Chine*)，后附有几部零散译作，以及《灰阑记》(*L'Histoire du Cercle de Craie*)。后两部是戏剧作品，原文大部分为韵文，因此可作为诗歌读物。德庇时也用英语翻译了中国戏剧《老生儿》和《汉宫秋》，标题分别为 "An Heir in His Old Age" 和 "The Sorrows of Han"。德庇时和儒莲所做的零碎翻译在此略过，因为原文分散在好几本书中，不居住在中国的人很难获得这些原著。但是我们不应该忽略他们对中国传奇故事《三国志》的摘译。已故的米怜博士常常提到这部作品的写作风格堪称典范，他过早地离开了汉语语言学和传教领域，令人扼腕长叹。德庇时先生的《三国志》摘译附于澳门再版的《汉文诗解》(*Chinese Poetry*) 中，而儒莲的摘译则附于他翻译的《赵氏孤儿》中。

读了这类通俗风格的作品后，可继续阅读说教类和记叙类作品，然后再读经典作品。记叙类的作品这两本就够了，小斯当东翻译的《异域录》(*Narrative of the Chinese Embassy to the Khan of the Tourgouth Tartars, 1712-1715*)，雷慕沙翻译的《真腊风土记》(*Description du Cambodje*)。《真腊风土记》译本最初发表在《旅行与地理学年鉴》（*Nouvelles Annales des Voyages*）上，之后再次发表在雷慕沙所著的《亚洲新杂纂》（*Nouveaux Mélanges Asiatiques*）上。说教类的作品，儒莲翻译的《太上感应篇》（*Livre des Récompenses et des Peines*）是一部佳作。小斯当东翻译的《大清律例》（*Chinese Penal Code*）[①]，因风格相似，也可当作说教类作品。在这些现代作品与古代经典作品之间还有一种小书，中国的儿童教育通常从背诵这些书籍开始，如《三字经》和《千字文》。许多年前马礼逊博士翻译出版了《三字经》，作为《中国通俗文学译文集》（*Horae Sinicae*）的一部分，之后蒙突奇（Antonio Montucci）[②] 的《二帙字典西译比较》（*A Parallel Drawn Between the Two Intended Chinese Dictionaries*）中又再次发表了马礼逊的《三字经》译文。而基德[③] 先生的《千字文》译文则附在 1831 年的英华书院报告中。《中国丛报》第四卷中也刊登过这两部作品的译本。

　　经典著作，首先是《小学》，包含《孝经》，其次是"四书"，再次是"五经"。除此之外，还有十位哲学家的著作，他们生活在秦始皇焚书坑儒以前的时代，但这些作品都未曾翻译。《小学》的部分译文在之前的《中国丛报》上发表过，目前仍在刊登中。"四书"中的部分内容已有几个译本出版，唯一的完整译本是已故英华书院院长高大卫先生所作。另一法语

---

① 全称《大清律例，中国刑法的基本法及其补充条文精选》（*Ta Tsing Leu Lee, being the Fundamental Laws and a Selection from the Supplementary Statues of the Penal Code of China*）。——译注

② 蒙突奇（Antonio Montucci，1762—1829），意大利汉学家。——译注

③ 即上文提到的塞缪尔·基德。——译注

全译本目前正在准备，也可能在波捷（Pauthier）^①先生安排下已经出版，此译本附有大量语言注释。除此之外，"四书"前三本的拉丁文译本也已由殷铎泽（Prospero Intorcetta）^②和卫方济（François Noël）^③翻译出版，是《中国贤哲孔子》（*Confucius Sinarum Philosophus*）的一部分。前两本的法语译本收录于《中国杂纂》（*Mémoires concernant des Chinois*）。"四书"第一本即《大学》的英译本，收录在马礼逊的《中国通俗文学译文集》中。马士曼博士和儿子翻译了第一本以及部分第三本内容，并且附有原文和语法练习。肖特（Wilhelm Schott）^④完成了第三本的拉丁文译本和德文译本。而对学生最有用的译本是雷慕沙的《中庸》法语译本和儒莲的《孟子》拉丁语译本。这两个译本都附有原文和大量注释。儒莲的译本为逐字翻译，但不乏典雅；雷慕沙的译本也附有拉丁文的逐字翻译。雷慕沙译本名为"L'Invariable Milieu"，儒莲译本名为"Mengtseu vel Mencius"。以上这些从各方面来看都是现存的最佳译作，适合学习者使用。至于"五经"，宋君荣采用意译的方式翻译了其中的《书经》；孙璋（Alexandre de La Charme）^⑤翻译了《诗经》，雷孝思（Jean

---

① 让·皮埃尔·纪尧姆·波捷（Jean-Pierre-Guillaume Pauthier，1801—1873），又译鲍迪埃、颇节、叟铁、卜铁，法国汉学家。——译注
② 殷铎泽（Prospero Intorcetta，1626—1696），字觉斯，意大利人，清初来华传教士。——译注
③ 卫方济（François Noël，1651—1729），比利时人，来华传教士。——译注
④ 威廉·肖特（Wilhelm Schott，1802—1889），德国汉学家。——译注
⑤ 孙璋（Alexandre de La Charme，1695—1767），法国来华传教士。——译注

Baptiste Regis）^① 用拉丁语翻译了《易经》；而儒莲正在翻译《礼记》和《春秋》。

汉语学习者在读完我们所列举的作品后，或者以上每类作品都阅读几本，充分熟悉几种风格后，便可大胆探索汉语文学的广度和深度。当然，学习者仍会遇到困难，但是在达成快速了解汉语语法规则这一学习目标后，再借助字典，就能轻松克服几乎所有障碍，自信地继续下去。因此，我们还需列出有用的字典。针对通用语言的字典有三部。传教士叶尊孝（Basilio Brollo）^② 用拉丁语和法语编写了《汉字西译》，按照 214 个部首编排，以小德金的名义出版，柯恒儒对其进行了增补。波捷负责的八开本单栏小版即将在巴黎出版。如大多数读者所知，马礼逊的字典分为三部分：第一部分按部首排列；第二部分按照字首音排列；第三部分为了方便那些要用汉语写作的人，按照英语字母顺序排列，再给出对应汉字。江沙维的字典分为两部分：一是葡汉部分，按葡语字母顺序排列，一是汉葡部分，按照一种 129 个部首的新体系编排，这些部首由知识渊博的作者自己遴选。还有几本尚未付印的字典主要都是基于叶尊孝的字典所编写。有两本字典手稿与马礼逊字典第三部分的编排相同，一本是法汉字典，另一本是拉汉字典，为广州的一些绅士所有。澳门圣若瑟修院江沙维神父根据其他相似的字典手稿和他自己

---

① 雷孝思（Jean Baptiste Regis, 1663—1738），字永维，法国来华传教士。
　　——译注

② 叶尊孝（Basilio Brollo，又称 Basilio Brollo de Gemona, 1648—1704），意大利来华传教士。——译注

的研究所编写的一本拉汉字典即将付印。儒莲先生也为汉语字典收集了大量资料。

在中国多个省份的方言中，只有福建省漳州方言、广东省潮州方言和海南的方言受到欧洲人的重视。或许也可以加上南圻语，它与通用汉语的区别类似于福建方言与通用汉语的区别。关于福建方言，麦都思先生近来出版了一本按字首音编排的《福建方言字典》（*Dictionary of the Hokkeen Dialect*）。他在多年前还出版过一本小字典，现已绝版。至于广东方言，马礼逊博士在 1829 年至 1830 年出版了三卷《广东省土话字汇》（*Vocabulary of the Canton Dialect*）。至于南圻语，该国天主教主教正在出版一部南圻语字典，他目前居住在加尔各答。至于其他方言，我们相信尚未出版任何字典。儒莲先生有一本费力编纂的福建方言字典手稿，释义为西班牙语。我们读过该字典的节选，但过于简短，无法判断其准确性。

通过以上简要评述，我们努力发现每一部有价值的作品。哪怕我们因为不了解而有所遗漏，读者至少可以放心的是，我们没有错过任何一部容易获得的有价值的作品。在本刊之后的某期中，我们将提供一份尽量完善的清单，列出关于汉语语言研究的欧洲作品，以及汉语作品的欧洲译本。如果谈到俄国，恐怕我们对俄国汉学家的关注比他们应得的要少。不得不承认，我们完全不了解那些背井离乡在"天子"的朝廷里前后待了十年的神父和学生[1]，培养出了多少汉语文学的素养。从去年八月

---

[1] 指自 1689 年开始，根据《尼布楚条约》的内容，俄罗斯派出留学生及神父到中国，布道团的成员每十年更换一届。——译注

《雅典娜》（*Athenaeum*）① 中摘录的以下内容可以看出，他们并没有完全忽视汉语。

"根据 5 月 23 日沙皇谕旨，沙皇在喀山大学设立了一个汉语教授职位，授予曾长居北京的修道院院长达尼伊尔（Daniel）②。此外，还购买了大量的汉语书籍和手稿。如此，喀山大学现在有四个东方语言教授职位，另外三个职位分别是阿拉伯及波斯语教授、土耳其和鞑靼语教授、蒙古语教授。"

第二节　掌握汉语的有效方法和工具③

编辑先生，现在已有一些人从事汉语学习，而且人数还在不断增加，因此有必要确定学习书面语和口语的最佳方式并让人知晓。学习汉语时间最久的人肯定总结出了各种学习方法，对初学者而言一定十分受用。我发现汉语学习十分棘手，因此非常希望能使用最好的方法来促我进步，我相信还有其他人跟我有着同样的愿望。因此，请允许我提议：

凡在汉语学习方面有经验者，可将其经验总结发表于《中

---

① Athenaeum 字面意思为雅典娜神庙，用来指图书馆或阅览室，此为 19 至 20 世纪总部设在伦敦的一份文学、科学和艺术期刊名称。——译注
② 达尼伊尔·西维洛夫（Димитрий Петрович Сивилов，1798—1871）俄国东正教驻北京第十届传教士团修士司祭，是 19 世纪前半期推动俄国汉学发展的重要学者之一。主要著作有《中国儒释道三教简述》《中国通史》（译稿）等。——译注
③ 译自《中国丛报》1838 年 8 月第 7 卷第 4 期第 3 篇，作者为帝礼士（Ira Tracy，1806—1875），美国来华传教士，新加坡坚夏书院主持人。原文标题为：汉语学习，通讯员来信询问掌握汉语的最佳方式和帮助。——译注

国丛报》，或寄给编辑，以便将所寄的几篇论文汇集到有关这一重要主题的一篇文章里。

我之所以说"凡在汉语学习方面有经验者"，是因为即便是学习汉语时间不长的人，也可能找到了不同的甚至是比前人更好的学习方式。如果同时也能指出最糟糕的学习方式，那么人们就能避开这些方法。下列问题体现了我们所需信息的一些要点。

1.最好是先学习口语，还是先学习书面语，还是两者同时学习？如果同时学习两者，应分别分配多少比例的精力？

2.学习并记忆汉字字形的最佳方法是什么？是在阅读时留意汉字，还是抄写书上的汉字？是学习并记忆常用汉字表，还是手抄常用汉字表？

3.在阅读和口语中，怎样才能最轻松地学习汉字的含义？

4.学习口语最好的方法是什么？我们应该走到人群中去，向他们学习，还是自己聘请一个老师，或是两者兼而有之？如果是两者兼而有之，那么给予两者的时间比例应该是多少？应采用何种手段来促使进步？

5.有哪些已发现或已制作的汉语学习工具 —— 如书籍、手稿、词汇短语表等？

6.在声调学习方面，您觉得最好的课程是什么？

7.您是否曾经制作或获得过任何表格，如度量衡表、货币表、官员表、年代表、历史表等？具体是什么？

8.您是否有汉语学习者必备或熟悉的书单？这些书籍有哪些？

可能还会有其他值得回答的问题，但这八个问题已涉及初学者需要前辈们提供建议和帮助的要点。如果这项提议得到普遍认可，那么我们将必定能收集到关于汉语学习的有益建议和帮助我们更迅速、更愉快地取得进步的宝贵方法。学习汉语较久的人可能会因为忙于其他事情而没有太多时间，但这是一个非常重要的目标，所以我建议这些人至少还是花上一个小时来做这件事。如果感觉抽不出那么多的时间，也还是先坐下来，握上笔，在这短短的时间内尽可能地去帮助初学者。通过这种做法，他很可能就会给初学者们提供重要的帮助，从而让他们进一步实现追求知识的美好目标；就算实现不了，他也会为所付出的努力而得到感激。请放心，至少您会得到我的感谢。

您诚挚的初学者！

我们高度重视本报通讯员所提出的主题。去年六七月份，本报刊登了一些关于声调和学习工具的评论，其他评论正在准备之中。我们真诚地征求通讯员所提议那几个问题的意见。我们现阶段的期望是，在未来几年，习得汉语所需的精力和时间能减少一半。

第三节　汉语的性质及其在发展
中国科学和哲学中的作用 ①

很早就有人注意到，具有相同部件的汉字，由于相同的发音而产生整体或部分的关联。马礼逊博士的同音字典经常将这些联系拆分，将同一发音的汉字分散在四开大小的书册中，理由是要进行区别，但似乎没有统一或稳定的原则作为保证。一组汉字中可能有一半是列在"heen"下的，而剩下的字必须到"keen"下去找，且没有汉语老师的引导，因为他有可能把"heen"称为"keen"，或把"keen"称为"heen"。所以你可能得抽签决定要先到哪个条目下去寻找。分别排列在"chae"和"tsae"，"seuen"和"heuen"，"hee""heih"和"kee"下的汉字以及其他很多汉字，都有同样的窘境，都因为人为的区分而相互分离，而从实用角度来看，无论汉语的声调导致它们的长度和音调发生了怎样的变化，它们在拼音法上都应该被视为一体。再继续列举这类例子就太乏味且无益了。但是，一个人可能很快会通过实际观察发现，汉字中某个部件常常把相同的或至少是相似的发音，赋予它所构成的所有汉字，而且许多明显的例外情况都是由于方言的变音，以及汉语中难以避免的不稳定性，这种不稳定性是由于汉语的音节还从未通过字母拼写来进行分解。

---

① 译自《中国丛报》1838 年 9 月第 7 卷第 5 期第 3 篇，作者李太郭（George Tradescant Lay，1799—1845），英国博物学家、传教士、外交官。——译注

　　不用我说，学习汉语的人也知道，汉字这一半赋予发音的部件，通常是大小、笔画都最显眼的部分。如果笔画较少，习惯上会大量书写，因此我们也容易猜到它绝非"等闲之辈"。这样我们就有了某种符号，该符号因为数量多而容易辨认，并且因为其形态的多变而更容易毫不费劲地与其他字符区别开来。该符号在使用中具有某种发音，虽然因流传数次而有所改变，但是仍然保留了最初的某些痕迹。这一发音，由某种符号表示，作为我们体系的基础，我认为它最初还具有某种含义。声音表示着我们所处自然界中的某种物体，某种日常用具，或是人类发挥聪明才智及为了娱乐消遣而发明出来享用的改良品。简而言之，一个清晰的发音代表着在我们五种感官认知范围内的某种事物。这种假设是基于哲学意义上的一个事实，即宇宙万物的所有声音都具有意义。倘若有人幻想其知道任何无法解释的声音，我会希望了解在哪里可以听见，并且去好好学上一课。使徒保罗不仅是卓越的传教士及作家，更是一位十足的哲学家，他告诫哥林多教会："世上的声音，或者甚多，却没有一样是无意思的。"保罗的这句话并非随口谈及，而是作为不可置疑的前提或立场，以表明在不存在无意义的声音的情况下，还要认为在上帝的教会中存在这样的声音，是多么荒谬。

　　让我们用传统的数学假设方式来讨论这一基本事实，我们假定，汉语中的每个声音都有属于自己的符号，也具有各自的含义。或者我们可以用三段论的方式来讨论该问题，比如：驯鹰者、猎人、捕鸟者或动物学家，都知道野生动物与鸟类能够发出声音并准确地诠释其含义。那么我们可以确定：

自创世起，生物发出的声音具有含义；

而中国人是生物；

所以中国人三四千年前发出的声音具有含义。

那么，这种声音起初只有一种而不是二十种含义；它既不是我们病态幻想的臆造之物，亦不是老年昏聩的书呆子或口若悬河的思考者对事物本质的胡乱猜测，而是表示我们可以眼观、耳听、口尝、手触或鼻嗅之物。那些把词源追溯到东方的才华横溢之人，并没有飞到哲学的云雾之中，而是来到日常生活的地带，他们发现最重要的词汇出现在搅拌黄油的过程中，或是在奶酪的凝固中，在厨房和牛奶场的简单工作流程中，或者在牧羊人和农夫的工作职责和业余爱好中。在早期，最美丽的女性和最聪明的男性在这些现实的场景中度过他们的青葱岁月并接受养育；最初的语言由此滋养和孕育出来；在此采用的方法和进行的观察，成为了实验哲学和归纳哲学的源头；所有并非由此而来的事物，或并非来自同样简单真实领域的事物，都不太可能给世界带来任何帮助。化学研究的起源或基本原理是家常朴素的，动物学的基本事实是家常的，纯数学和混合数学的公理往往是家常的。但我们不应为此感到羞愧，因为"家"这个字包含了所有一切甜蜜与迷人的事物，而由此发源的科学把我们引向许多罕见而美妙的发现。

我对汉语的分析将建立在日常生活事实的基础上，我将着眼于身边的自然物体及它们的现象，国内经济与实用艺术的工艺流程、农牧工具、家用器具与各种实用的器皿，以及我们看到中国人在使用的或在他们书中看到的装饰性的摆设和徽章。

我发现其中某个对象，可以由某个表音字或马礼逊博士所谓的基础字直接表示或推理得出。我依据这个对象来收集和追踪所有由此基础字或表音字构成的合体字的含义。它的形态、属性、历史以及用途都是我的老师，指导与帮助我理解其最早的意义，或指引我走向由其衍生而来的某些修辞、比喻或对比。作为一名生物学家，我把该表音字及其所代表的对象当作一个属类，把它的一切派生字视为种类。自亚里士多德首次把辩论的原则具体化为一套恒定的规范以来，逻辑上就有这样一条规则：凡属类所具有的特质，其下所有种类也必然具有。在语言的派生上，这条规则不会那么严格，但是我认为我们应当尽力注意，因此当我在对一组汉字感到迷失时，就停下来记录下我的推理和疑问。

　　我们来举个例子来说明。"某"意为酸果，鉴于"果"在澳门一般指大米做成的面团，我们可以认为"某"指酸化面团、酵素、麸皮或酵母，甚至是一些用于发酵的预制酸果。通常情况下，发酵从酒精开始，然后变酸，最后是腐化，整个过程到此结束。热量是必需的催化剂，无论以何种速度进行，都会随之产生气泡和蒸汽。"某"与"水"组合[1]自然就代表腐臭的水，因为发酵对水的唯一影响就是破坏它的纯净。与"歹"组合，表示同样的含义，也可用来指发酵到腐烂或死亡程度的任何结果。而与"火"组合，指的是煤烟或燃烧后的残余。木柴和煤炭燃烧所产生的气泡和蒸汽，与发酵的过程惊人地相似。

---

[1]　即"湛"。下文几个汉字分别为"殡""煤""媒""谋"。——译注

与"女"组合，则表示红娘或受聘为婚姻牵线搭桥的媒人。按照良好教养的准则，年轻女性须独自居住，且认为允许陌生异性接近自己是不得体的，因此大多数情况下这样的中间人不可或缺。媒人由适婚男性或其友人派出，并提前获得一些财富、才华、个人成就及发展前途等方面的信息，在合适的时候以恰当的方式介绍，他们向女方说亲，直至对方对素未谋面的另一半"发酵"出爱慕之情。当与"言"组合时，它通常表示故事情节，此时通过一些委婉暗示和一些微妙的转折及手段，整个故事"发酵"起来，达成了结局和目标。也许有人会说这种分析超出了大多数学生的知识范畴。对此我的回应是，只要一息尚存，我将会勾勒出这个体系的大致轮廓，描绘出其主线部分，而且我相信很多人都乐意去关注生活中与他们息息相关的自然与艺术之物。我会自己承担大部分的苦差事，因为我感到我拥有其他人所没有的优势。同时，我无意怀有垄断的想法，但我会建议我所有的朋友采用我的办法并亲自尝试，而我坚信，随着脑海中每天注入新的想法，他们一开始遇到的困难会逐渐消解，而且最重要的是，这些汉字也会逐渐印刻在记忆中，永不磨灭。

　　我的处理方法是，在条件允许时，将具备共同部件、发音部分或"基本字"的所有汉字作为同一组在一大张纸上写下来。然后，我会尝试在这些合体字中寻找这一基本字的某种含义，我心中的选择标准是，它代表着某种感官可以感知到并运用的事物。如果发现中国人恰巧已研究并了解了这一对象的话，那么我会非常肯定自己的选择是正确的。

　　起初，我以为自己会为二度复合的汉字费神，但这其实很容易处理，因为很多时候它们仅仅是一种二元重复；如果并非如此，那么他们通常都是现代词汇并且指代新近出现的事物。我也曾以为会发现许多古怪的或无法切分的汉字，但我发现它们大多数会有大量的搭配，应该只有少部分缺少同类。为了确定汉字的两个部分中哪一个才是典型的或是基础的，应遵守上文提及的规则——以发音为指导，如果发音不够，那就由汉字的类比和一般用法来决定。以发音为线索，送气音和摩擦音在实际使用中掺杂在一起，混乱不堪，因此，在汉语发音形成确定的规则前，这些发音应视同一致。在古希腊及其属地的方言中，双音在硬音 g、w、v 之间发生变化，最终演变为送气音和摩擦音。这种变化的踪迹可以在波利尼西亚语言中观察到，在汉语中则十分显著，无论是 "wan" "man" 或是 "yuen" "yen" "gan"，只是小幅度的变化。在阿拉米语 [①] 中，i、y 或 j、v、w 经常随意地变换位置；而汉语也是如此，w 与 y 是相同的，而 j 和 y 则随着说话人的风格和喜好交替使用；而短元音 a、e、i、o、u 也同样不定地相互变换。这虽会为我们带来种种困难，但是提前了解和注意到由同一器官发出的声音的相互性，这些困难也不是无法克服的。最开始似乎只是一种尝试，但是不要气馁，因为这些字经过严格的考察后，可进一步寻找它们的确切含义，它们的形式将始终牢牢地固定在记忆中。只

---

① 阿拉米语（Aramaic，又译为亚兰语、阿兰语、阿拉姆语等），是旧约圣经后期书写时所用的语言，属于闪米特语系，与希伯来语和阿拉伯语相近。
　　——译注

要稍加忍耐，学习者便会发现自己正走出"混沌、且光线幽暗的"阴暗之地，看到万物不断清晰、愈加和谐美丽的景象。

无论在进行区分时有多必要，分析汉语者都不应该分解声旁或基础字。马礼逊博士在很多情况下都这样做了，把只有在梦里或者疯人院的病人看来才能结合的概念摆在一起显得十分不恰当。例如，汉字"牟（mow）"表示牛的叫声，因为该字的上半部分是嘴而下半部分是牛。和"目"结合，便得到一个和谐的组合"眸"，意思是"瞳孔"。如果我们继续查看其派生字，会发现它和一个表示谷物的字符组合，释义为"大麦"。假设它指的是某种谷物颗粒，以其椭圆的形状和干净平滑的构造而著称，就有了上面所说的核或眼睛的含义，指代瞳孔或瞳子。虽然谷粒不是球形的，但并不影响这个假设，因为人的瞳孔虽然是圆的，但许多动物的瞳孔却不是。马的瞳孔就不是圆形，而猫的瞳孔能从正圆形变化为不同离心率的椭圆，最后变成一条线。

这一新理论的发展将会带来十分有利的条件，指引我们找到定义汉字的落脚之地。现在我们几乎没有确定任何事情，而当我们接近真理时，它又会与一群怪异的家伙为伍，所以我们很可能会把错误的当成正确的，而文章的语境和大意正是我们所追求的，也是我们无法了解的，因为我们无法确定汉字的含义，这似乎是一直以来的关键点与转折点。关于定义的自由度和不确定性，我们很容易找到例子。"僅"[①]的释义为"相当缺

———————————

① 即"仅"，原文所列举的汉字皆为繁体，为方便理解下文内容，此处沿用繁体。——译注

乏""刚好足够""略微超过"。真是一种奇特数量的液体或粮食，能够同时达不到一定的量、刚好达到、又多出一部分。但汉语词汇就是如此精妙，所以我们面对的便是一个字符可以同时表示迥然不同甚至相互冲突的概念，在翻译时只好碰运气选择三个含义中的一个。假设"墐"是用于制作砂浆与灰泥的黏土，而我们眼睛盯着坚硬的黏土与水混合捣碎、经过夯锤敲打、压碎等耗时费力的过程，我们就能鲜活地了解到劳动、勤奋、细致这些概念，它们在混合物的每一组成部分都有所体现，当然还会有黏土本身的一些特性，比如，其黏合性，将任何形状在自身留下印记的敏感性，以及维持这些形状的永久性。如果与"力"组合[1]，则意味着费力使用我们的手段和资源。与"歹"组合，表示一个人由于缺乏食物而濒临死亡，其灵魂艰难费力地与身体分离。与"心"组合，用来表示当心灵被悲伤和忧伤牵引时所感受到的那些痛苦。与"见"组合，则指朝见皇帝，除少数备受恩宠的人外，对其他人来说必定是一件艰难费力的事。与"言"组合，指的是思想和情感的敏感习惯，在这种习惯下，头脑就像黏土被转化成印记一样，容易接受并保留所有那些优秀的美德和圣人智慧的启示所留下的印象。

至于这种新体系对汉语产生的影响，我预计其效果不会少也不会小。有人曾断言中国人没有科学，而作者们也一次又一次地附和。这种观点最好的根据就是汉语教师无法阐明和解释汉语中一些最重要的字符。我之所以说是最重要的，是因为对

---

① 即"勤"。下文所列举的汉字分别为"墐""懂""觐""谨"。——译注

这些字符的精确理解关乎他们整个思想体系，正如我们那些关于量级的科学完全依赖于对几个数字的准确定义，他们对此非常熟悉。无法在中国人身上发现科学原理的论断会被音乐体系推翻，他们用数字 81、72、64、54、48 表示基本音 [1]，按照通常的关系形式可得出，72/81=8/9 为大调，64/72=8/9 为大调，54/64=27/32 为小于小三度的小音程，或是大调与小调之间的差异调，及 48/54=8/9 为大调。此为中国的五声音阶，与毕达哥拉斯（Pythagoras）[2] 所创定律法的基础相同。如果尼科马霍斯（Nicomachus）[3] 所言属实，则毕达哥拉斯是通过称量铁匠的锤子重量得出其定律，而中国的发明者或他的老师则是通过测量某些和声管的长度。中国的专家不会用我这种方式来表述这些音的关系，但是我使用了他们提供的材料。他们用于确定演奏音高的器材或基本音是一个大钟，它的几个尺寸都是精心设定的，所以在此我们发现他们再次接近数学计算的边界。

在他们的一些书籍中，我们看到了螺旋线，这似乎表明，远古时代的人们对数学的另一个分支有一些认识。目前我没有闲暇去研究该问题，但是借助该曲线，我可以说明，他们对半径矢量的长度和它描述的速度之间的常数关系有一些理解。至于他们的哲学，很显然最初是从对自然现象的沉思中得来的。

---

[1] 即三分损益法，是中国古代发明制定音律时所用的方法。根据某一标准音的管长或弦长，推算其余一系列音律的管长或弦长时，须依照一定的长度比例，三分损益法提供了一种长度比例的准则。——译注

[2] 毕达哥拉斯（Pythagoras，约公元前 570 年—前 495 年），古希腊数学家、哲学家。——译注

[3] 尼科马霍斯（Nicomachus，60—120），希腊数学家、声学家。——译注

如果我们可以准确了解与其相关的几个术语，便可以展示其所有推理，就像吹散谷壳后收集剩下的谷粒，也足够满足我们的好奇心，回报我们的辛劳。这种说法同样适用于他们的自然历史与植物学，我们对特定词汇及短语的理解越正确，就越能发现更多真理和奇妙的信息。对词汇理解的准确度在各种研究中都不可或缺，但迄今为止还未有人能指明道路，因此有待开辟新的、更加确定的途径，且适应汉语的特征，从而将所有部分都简化到适当的程度，并把一系列冗长的真理转变成一个有规律的、对称的整体。

人往往会赞赏自己的表现，这似乎能解释我对现在提出的这个体系的偏爱，但我希望它可以得到证明，因为我并不担心它未来的命运，相信将会让人满意并取得成功。我已完成一半大纲，并提前发出声明，以此回应上一期《中国丛报》中提出的质疑。我衷心希望能看到所有阻碍消失，这样许多人就能专心致志学习汉语。这是一个崇高的活动领域，我们只是缺少进入它的方法和意志。翻阅与收集中国古代智慧的宝藏对我们来说最有价值，不仅仅是作为考古研究或实物调查，而是因为它能引导我们所有人培养对中国人更高的敬意，从而提供一种最愉悦的方式赢得他们的喜爱。因为获得他人敬意最有效的方式，就是让他们看到我们由衷地尊敬他们的看法，并且对与他们相关的任何事情都怀有浓厚的兴趣。

我们请读者注意以上李先生的言论，并乐意收到他本人和其他读者对此话题的进一步来稿。毫无疑问，对汉语的分析和描述还可以比现在更加精确。我们尤其希望看到有人能如实描绘汉语的起源和历史，并谈谈诸如《六书》《说文》等作品。

第四节　助力汉语学习的新作 ①

长期以来，我们忽略了将上面几部作品介绍给读者，现在我们只能作简短介绍。此类书籍不断增多，充分说明汉语文献在不断发展。近年来，书籍制作设备大量增加。20 年前，马礼逊博士字典的出版花费了 15000 英镑，这笔开支用于活字和人工劳动等。我们估计，现在只需三分之一甚至可能更少的金额就足够了。但出版此类作品仍需不少的花费。因此，最好能采取一切适当措施，保证它们得到更多的赞助。

1.《字声纲目》（ *Systema Phoneticum Scripturae Sinicae* ），作者是天主教西尼斯传教士加略利（ Joseph-Marie Callery ）②，两册装，1841 年澳门出版。关于本书的优点，很难形成统一观点，我们听到的观点两极分化。加略利花了大量精力准备此书，是对汉语工具书的有效补充。如果有学习者能为我们分析本书，并对其各部分做出评价，我们将不胜感激。鉴于很快有人能做得比我们更好并提供观点，我们暂时不做进一步评价。

2.《英语、马来语、汉语词典：包含福建和广东方言》（ *A Lexilogus of the English, Malay, and Chinese Languages: Comprehending the Vernacular Idioms of the Last in the Hok-keen*

---

① 译自《中国丛报》1842 年 7 月第 11 卷第 7 期第 4 篇，作者不详。——译注
② 加略利（ Joseph–Marie Callery，1810—1862 ），法国汉学家。——译注

and Canton Dialects)，英华书院出版社印制，澳门，1841 年，110 页。这本小型教材是在很多不利条件下出版的，却非常有用，尤其对于本书所面向的读者，即那些正在学习英语的中国人。书中句子短小而简单，且在日常生活中经常用到。本书显然是为课堂而写，而不是作为参考手册。短语编排混杂，因此不容易找到适用于某事物或场合的特定词语。如果本书的短语能按照主题编排，其价值将大大提高。

3.《潮州方言初阶》(*First Lessons in the Tie-chew Dialect*)，作者怜为仁（William Dean）①，1841 年暹罗曼谷出版，43 页。怜为仁先生写道："这本小书的目的只是为初学者提供一些简单的课程。"其总体特征和上面的《词典》相似，但有两点不同：短语按主题分类编排，且仅限于一种方言。两部作品中的汉字均使用台约尔先生的新活字印刷②。

4.《拾级大成》(*Easy Lessons in Chinese*)，作者卫三畏（Samuel Wells Williams）③，《中国丛报》办事处印制，287 页。我们会另寻机会对此书作分析，正如我们此前对《广东方言撮要》(*A Chinese Chrestomathy in the Canton Dialect*) 的分析那样——我们的目的是展示作品内容，以期那些想要提高汉语文献学习的人能够更好地接受。本书得到《广州纪录报》(*Canton*

---

① 怜为仁（William Dean，1807—1895），美国传教士，曾在曼谷传教，后在香港从事各类传教活动多年。——译注
② 在槟榔屿和马六甲期间，台约尔除学习语言、打理学校及传教外，还用大量时间研究和完善汉字的金属活字，他设计和铸造的三千个金属汉字活字世界闻名，十分精美、准确、实用。——译注
③ 卫三畏（Samuel Wells Williams，1812—1884），美国传教士，美国汉学研究先驱，著有《中国总论》等。——译注

Register）和《广州周报》（*Canton Press*）的好评与推荐。

第五节 麦都思《汉语会话》①

麦都思博士有幸在宁波北部开设了中国首家英语出版社，此书就是其首批成果。本书前言如实描述了这部八开本、287 页的作品，我们完整引用如下。

由于马礼逊《汉语会话》一书早已绝版，而当前贸易往来较该作品出版时已有了大幅扩展，如今呈现给大众的这部作品是迫切需要的。本书引用了马礼逊《汉语会话》中的一两段对话，同时为达目的，编者还对裨治文《广东方言撮要》中一些有关丝织品、棉织品等的句子进行了改动。本书从政界和商界的稿件中得到了一些协助，但除此之外，余下内容由作者全权负责。本书从最简单的语言形式开始，主要供汉语初学者使用。其中有许多问题是未提供答案的，这是为了鼓励读者向老师请教获得答案，从而练习自己的汉语，同时学到一些有关中国及中国国民的知识。书中还介绍了贸易规定和关税，为从事对华贸易的商人提供有用的条款和概念；同样，本书也插入了一些有关丝绸、棉花和布匹的句子。给用人的以及与家务相关的指

---

① 译自《中国丛报》1845 年 8 月第 14 卷第 8 期第 4 篇，作者不详。原文标题：《汉语会话、提问及常用句型，附英语逐字译文，为促进贸易往来及帮助汉语初学者而编》（*Chinese Dialogues, Questions, and Familiar Sentences, Literally Rendered into English, with a View to Promote Commercial Intercourse, and to Assist Beginners in the Language*），麦都思著，1884 年上海墨海书馆出版。——译注

示用语对所有学习者来说都会有用，而随后介绍的来源于当地的、有关宗教和道德方面的观点，是用于呈现中国人对这些话题的看法，以及展现汉语口语会话的风格。每个来到中国城市的人都应该掌握店铺招牌，这样便可以在街上边走边学，也有利于寻找生活必需品。本书附带了丰富的索引，以便学习者可以随意地查询在书中出现的任何汉语或英语单词，避免读者大费周章地寻找近在咫尺的内容。全书使用中国官话，采用介于极其通俗的口语风格和极简的文学风格之间的语言形式。每一行汉字通常为一个独立的句子，并不一定与前面或后面的内容关联，所以阅读本书既可从开头读起，亦可从结尾读起，全凭读者的英语或汉语喜好。每个汉字均标有罗马字母注音，斜体部分为该字含义。以罗马字母印刷的其他英语词汇仅用于帮助读者理解句子。但学习者需牢记，汉字在原句位置上的意思仅限于斜体印刷的英语的意思。可以看出，英语为汉语的逐字直译，这是为了使读者能够了解汉语习惯；但字面翻译所反映的并不总是每个词不变的含义。因为意译会占据大量空间，并且我推测在没有意译的情况下含义也基本清楚，所以并未添加意译。在此，必须为本书的排印问题表示歉意。由于本书是在上海印刷的首部欧洲作品，当地工人得从头学起，不指望能对称和完美。由于印刷油墨用完，起初本书中间部分有几页内容显得模糊不清，但最终当场成功制作油墨，得到了更清晰的页面。

本书末尾是书中出现过的英语单词索引、汉语部首列表，以及按照这些部首排列的汉字索引。虽然我们高度赞扬这位资深作者的辛勤劳动和他大量的汉语与英语作品，但是我们也诚恳请求作者改变其汉语拼音法，使之符合所谓的意大利拼音法，目前几乎整个印度都通行此法。

责任编辑：贺　畅
文字编辑：周　颖
封面设计：武守友

图书在版编目（CIP）数据

汉语学习法：《中国丛报》汉学家汉语研究选译 /
　陈彦辉，喻茜辑译 . —北京：人民出版社，2023.11
ISBN 978 – 7 – 01 – 025843 – 0

Ⅰ.①汉…　Ⅱ.①陈…　②喻…　Ⅲ.①汉语—文化语
　言学—文化传播—研究 Ⅳ.① G125

中国国家版本馆 CIP 数据核字（2023）第 141098 号

汉语学习法
HANYU XUEXIFA
——《中国丛报》汉学家汉语研究选译

陈彦辉　喻　茜　辑译

人民出版社 出版发行
（100706　北京市东城区隆福寺街 99 号）

北京九州迅驰传媒文化有限公司印刷　新华书店经销

2023 年 11 月第 1 版　2023 年 11 月第 1 次印刷
开本：880 毫米 ×1230 毫米 1/32　印张：7
字数：146 千字

ISBN 978 – 7 – 01 – 025843 – 0　定价：35.00 元

邮购地址 100706　北京市东城区隆福寺街 99 号
人民东方图书销售中心　电话（010）65250042　65289539